GESPRÄCHS FÜHRUNG

Mehr Charisma durch Kommunikationstraining

Wie Sie mit Hilfe von Rhetorik, Schlagfertigkeit und Körpersprache überzeugend auftreten und jeden Smalltalk selbstbewusst meistern

INHALT

1. Warum eine gute Gesprächsführung so wichtig ist

Der Mensch spricht, er spricht den ganzen Tag. Rund 16.000 Wörter gibt die durchschnittliche Person täglich von sich, entgegen einiger hartnäckiger Vorurteile ohne marginale Unterschiede in Bezug auf das Geschlecht. Wenn wir nicht gerade Selbstgespräche führen, was natürlich auch hin und wieder vorkommt, äußern wir uns dabei meistens in Gesellschaft. Wir führen also ein Gespräch mit einer oder mehreren Personen, in denen wir, folgt man dem 4-Ohren-Modell Friedemann Schulz von Thuns, Botschaften auf vier Ebenen senden und empfangen können (einzeln oder parallel).

Auf der Sachebene ist uns daran gelegen, bestimmte Informationen, Fakten und Daten unserem Gegenüber zu vermitteln, wobei dem Empfänger die Aufgabe zuteilwird, diese nach Relevanz zu filtern und über den Wahrheitsgehalt zu urteilen. Auf der Ebene der Selbstoffenbarung versuchen wir, wie der Name bereits andeutet, unsere eigenen Wertvorstellungen und Ansichten in Worte zu fassen und mitzuteilen. Hinsichtlich der Beziehungsebene senden wir mittels Mimik, Gestik und paraverbaler Mittel (z. B. durch den Tonfall) Signale aus, wie wir zum Empfänger stehen, der diese deuten muss, um anschließend sprachlich oder nicht-sprachlich eine Reaktion hervorzubringen. Zu guter Letzt dienen Gesprächsbeiträge des Senders auch oft dazu, den Empfänger zu einer bestimmten Handlung zu motivieren, er appelliert dementsprechend an ihn.

Nun klingt das in der Theorie recht einfach und eindeutig, doch die Praxis verdeutlicht uns tagtäglich, dass es durchaus Probleme innerhalb eines Gesprächs geben kann, die dessen Funktion negativ beeinflussen oder gar behindern können. Drücke ich mich nicht verständlich und eindeutig genug aus, kann es bei meinem Gesprächspartner zu Missverständnissen kommen. Ebenso können Signale unabsichtlich ausgesendet oder anders, als vom Sender intendiert, empfangen werden. Oder nehmen wir ein ganz simples Beispiel: die Äußerung des Wunsches nach mehr Beteiligung im Haushalt kann meinen Partner ebenso gut dazu veranlassen, eine kostspielige Haushaltshilfe einzustellen, anstatt mir, wie ich es eigentlich erhofft habe, persönlich zur Hand zu gehen. Kurzum – obwohl wir im Normalfall seit frühester Kindheit lernen, uns und unsere Gedanken auszudrücken, stoßen wir ein Leben lang in der interpersonellen Kommunikation auf kleinere und größere Hindernisse, die Probleme über das Gespräch hinaus verursachen können.

Um dies zu umgehen, sollen in diesem Buch Anleitungen, Hinweise und Tricks geboten werden, durch welche Sie zu einer kompetenten Gesprächsführung befähigt werden. Scheinbar trivialerweise beginnen wir dabei mit dem Aufbau des Gesprächs, womit nicht die drei Phasen Anfang, Hauptteil und Schluss gemeint sind, sondern – denn das ist in der Praxis bedeutend wichtiger – Möglichkeiten, das Gespräch überhaupt angemessen zu beginnen.

Anschließend stelle ich Ihnen die wichtigsten allgemeinen Regeln der Gesprächsführung vor, die es sich lohnt, im Hinterkopf zu behalten. Daraufhin unternehmen wir einen kleinen rhetorischen Exkurs, in dem wir uns die Frage stellen, wie Sie in einem Gespräch sprachlich überzeugen können, um Ihr Ziel mit Erfolg zu erreichen. Dazu passend gebe ich Ihnen im Folgenden Tipps, wie Sie an Ihrem Selbstbewusstsein, Ihrer Ausstrahlung und der korrekten Signalsendung arbeiten können, damit Sie auch auf nonverbaler Ebene ein gutes Gespräch führen können oder sich auch einmal trauen, (überzeugend) schlagfertig zu sein.

Um die größten und typischsten Fehler bzw. Probleme im Gespräch zu vermeiden, liste ich Ihnen diese folglich übersichtsweise auf und gebe Ihnen Tipps, wie Sie diese umgehen können. So ist ein häufiges Hindernis, das Gespräche zu einer wahren Herausforderung macht, die Kontrolle bzw. der richtige Einsatz der eigenen Emotionen. Aber keine Sorge, diese Stolperstelle werden wir angehen und glattbügeln, das versichere ich Ihnen. Abschließend fasse ich noch einmal kurz und bündig die relevantesten Tipps und Tricks zur Vorbereitung und während des Gesprächs zusammen, damit Sie gut vorbereitet in den zweiten Teil des Ratgebers gehen können, in dem wir etwas spezifischer werden.

Denn so hilfreich und effizient der allgemeine Teil für Sie auch sein wird – manchmal fällt es dennoch schwer, die erlernten Fähigkeiten auf einen bestimmten Gesprächstyp anzuwenden. Daher gehen wir darauffolgend gemeinsam die wichtigsten (und möglicherweise potenziell problematischsten) Arten der Unterhaltung durch, damit Sie in jeder Situation ein optimal verlaufendes Gespräch führen können.

Vom Coming-out über das klassische Bewerbungsgespräch bis hin zum Streitgespräch ist alles dabei. Gemeinsam wenden wir das bereits erlernte Wissen vom allgemeinen Teil zur Gesprächsführung auf diese speziellen Typen der wechselseitigen Kommunikation an, wobei wir teilweise die Perspektive sowohl des Senders als auch des Empfängers einnehmen werden, denn innerhalb eines Gespräches werden Sie in der Regel beide Rollen einnehmen und dementsprechend adäquat damit umgehen können müssen, um Missverständnisse oder andere Probleme zu vermeiden.

Ziel Ihrer Lektüre soll es sein, dass Sie sich dazu in der Lage fühlen, anhand der vermittelten und erlernten Fähigkeiten ein gutes, ergiebiges Gespräch zu führen, ganz gleich, ob es sich dabei um vermeintlich simplen Smalltalk, ein anspruchsvolles Prüfungsgespräch oder eine Unterhaltung handelt, in der Sie beispielsweise schlechte Nachrichten überbringen oder empfangen. Sie sollen sich beim Sprechen und Zuhören sicher, selbstbewusst und kompetent fühlen und es ist mir eine große Freude, Sie auf Ihrem Weg dorthin zu begleiten und zu unterstützen!

2. Infos, Tipps und Tricks

2.1 DER GESPRÄCHSAUFBAU

Sicher haben Sie diese Situation selbst schon das eine oder andere Mal erlebt: Sie befinden sich an einem beliebigen Ort, nehmen wir als Beispiel ein Café. Plötzlich setzt oder stellt sich eine Ihnen unbekannte Person zu Ihnen, Sie sehen auf und fragen sich, was nun auf Sie zukommt. Ihr Gegenüber lächelt Sie an, Sie finden ihn oder sie schon beinahe sympathisch, aber dann kommt das größte No-Go überhaupt: Ein geschmackloser Opener à la "Tat es weh, als du vom Himmel gefallen bist?" oder ein fantasieloses "Hi", woraufhin Sie mit "Hi" antworten und danach in einer peinlichen Stille angeschwiegen werden.

Sie sehen also: Wie man ein Gespräch beginnt, ist durchaus von Bedeutung, denn häufig zählt der sagenumwobene erste Eindruck mehr, als einem lieb ist. Vor allem bei uns fremden Personen, die wir vielleicht interessant finden, fällt es uns oft schwer, die richtigen Worte zu finden, um eine Konversation einzuläuten. Das ist ja auch logisch – zwischen sich bereits nahe stehenden Menschen, wie beispielsweise meiner Schwester und mir, gilt es in der Regel, nicht erst eine bei Fremden ganz natürliche Distanz zu brechen. Wir legen einfach los, das Eis muss nicht gebrochen werden, wir müssen einander nicht erst voneinander überzeugen, damit unser Gegenüber an einer Weiterführung des Gesprächs und einem ersten Kennenlernen interessiert ist.

Doch nicht nur bei Personen, die wir potenziell anziehend bzw. attraktiv finden, haben wir oft Probleme damit, das Gespräch selbstbewusst und locker ins Rollen zu bringen. Auch, wenn wir in eine unbekannte Umgebung gelangen, beispielsweise eine neue Arbeitsstelle antreten, ist es gar nicht so leicht und selbstverständlich, mit den neuen Kollegen ins Gespräch zu kommen, ohne dabei in ein Fettnäpfchen zu treten oder unangenehme Stillen zu erzeugen, während man am Kopierer steht und dem Blick der neuen Büronachbarin ausweicht, damit das beidseitige

Schweigen nicht noch erdrückender wird. Deswegen werde ich Sie nun an die Hand nehmen und Ihnen Tipps geben, wie Sie entspannt und angemessen in Unterhaltungen mit fremden Personen einsteigen können.

Tipp Nummer 1: Denken Sie nicht zu viel nach!

Meistens ist nämlich genau das der Knackpunkt. Wenn Sie sich zu sehr den Kopf darüber zerbrechen, welcher Spruch nun der ausgefallenste, intelligenteste und individuellste ist, machen Sie sich selbst verrückt und finden am Ende noch einen Grund, warum Sie dem Gespräch vielleicht nicht doch aus dem Weg gehen sollten. Oder noch blöder: Ihr/e potenzielle/r Gesprächspartner/in hat bis dahin das Weite gesucht und das, noch ehe Sie überhaupt die Chance nutzen konnten, Sie in ein Gespräch zu verwickeln.

Zergrübeln Sie die Situation nicht, verschwenden Sie nicht zu viele Gedanken daran, welcher Spruch nun am wenigsten peinlich und aufdringlich ist, sondern gehen Sie auf die andere Person zu und sagen Sie zum Beispiel, was Ihnen an ihr aufgefallen ist – etwas Positives natürlich, wenn möglich. Niemand möchte im ersten Satz darauf hingewiesen werden, dass er Spinat zwischen den Zähnen hat oder dergleichen. Oft ist auch ein einfaches (oder auch nicht so einfaches) “Hey, du gefällst mir. Ich würde dich gerne kennenlernen” mehr als überzeugend, denn damit strahlen Sie Selbstbewusstsein aus, schaffen einen positiven Einstieg und machen gleich zu Beginn ein Kompliment, ohne es zu übertreiben.

Das gilt übrigens nicht nur für die männlichen Leser – auch die Herren stehen häufig auf starke Frauen, die den ersten Schritt machen, denn, seien wir einmal ehrlich, liebe Damen: Wer sich partout weigert, den Anfang zu machen, nur, weil das *die Aufgabe des Mannes ist*, läuft große Gefahr, als altmodisch zu gelten, die besten Möglichkeiten im Leben zu verpassen und ein einsames Leben zu führen.

Trauen Sie sich, lassen Sie sich nicht zu viel Zeit, bevor es überhaupt losgeht, das Gespräch vorab zu planen, und sagen Sie, was Ihnen in den Sinn kommt. Meistens schlagen Sie damit genau den richtigen Weg ein.

Und wenn Ihr Gegenüber Ihnen sofort einen Korb gibt, wissen Sie immerhin direkt, woran Sie sind, ohne zu viel Zeit und Nerven investiert zu haben. Auch im Büro ist eine gewisse Spontanität durchaus vorteilhaft, wenn man die neuen Kollegen anspricht. Sie müssen nicht superkreativ, extrem witzig oder in anderer Art und Weise herausragen, wenn Sie die neue Büronachbarin ansprechen. Das erwartet niemand von Ihnen. Außerdem waren auch Ihre Kollegen irgendwann einmal neue Mitarbeiter und sie wissen, dass man es nicht immer leicht hat, wenn man sich in dieser Position befindet. Zerbrechen Sie sich also nicht den Kopf, versuchen Sie, sich nicht zu verstellen und beginnen Sie das Gespräch im Pausenraum oder auf dem Flur freundlich und natürlich, zum Beispiel mit einem "Den Kaffee kann ich jetzt gut gebrauchen" oder "Der Kopierer und ich werden wohl keine besten Freunde".

Tipp Nummer 2: Lächeln Sie!

Es klingt so einfach und doch ist es manchmal so schwer. Wenn wir nervös sind und zu viel nachdenken (ich verweise noch einmal mit Nachdruck auf Tipp Nummer 1), vergessen wir häufig, unser Gesicht zu kontrollieren, und wir wirken dann dementsprechend verkrampft, traurig oder sogar wütend. Atmen Sie daher tief durch, bevor Sie auf Ihren potenziellen Gesprächspartner zugehen, erinnern Sie sich daran, dass überhaupt nichts Schlimmes passieren kann, und denken Sie, wenn es von Nöten ist, an etwas, das Sie glücklich macht. Meistens stellt sich ein positiver Gesichtsausdruck dann ganz von allein ein. Natürlich soll Ihr Lächeln nicht übertrieben oder aufgesetzt wirken, denn auch das merkt Ihr Gegenüber vermutlich ziemlich schnell und er ist irritiert. Versuchen Sie dementsprechend, so auszusehen, wie Sie z. B. aussehen, wenn Sie sich mit Ihrer Familie oder mit Freunden unterhalten. Entspannen Sie Ihren Mund, lächeln Sie so, wie Sie immer lächeln, auch wenn das manchmal gar nicht so einfach ist. Wenn wir aufgeregt sind und wenn das alles nichts hilft, seien Sie gegenüber Ihrem Gesprächspartner einfach ehrlich und geben Sie zu, dass Sie ein wenig aufgeregt sind. Meistens lockert das die Stimmung erheblich auf und Sie können vielleicht sogar gemeinsam lachen, wodurch übrigens automatisch Dopamin ausgeschüttet wird und Sie sich besser fühlen werden. Denn auch, wenn es natürlich wünschenswert und durchaus überzeugend sein kann, mit Selbstbewusstsein und einem unverkrampften Lächeln ins Gespräch zu starten, ist das manchmal einfach nicht möglich. Das wird Ihr Gegenüber verstehen und wenn das nicht der Fall sein sollte, sollten Sie sich vielleicht einen anderen Gesprächspartner suchen, sofern Sie die Wahl haben und es sich nicht um Ihren Vorgesetzten oder die Kollegin handelt, mit der Sie die nächsten Jahre den Schreibtisch teilen.

Tipp Nummer 3: Passen Sie sich der Situation an!

Ein großer Fehler, den viele begehen, wenn Sie versuchen, ein Gespräch in Gang zu bringen, ist, dabei absolut unpersönlich und allgemein zu bleiben. Finden Sie nicht auch, dass ein "Welchen Tee trinkst du da?" viel kreativer ist als das typische "Bist du öfter hier?", wenn man im Café angesprochen wird? Nichts ist langweilender als irgendein ausgelutschter Opener, den man schon hundert Mal gehört oder irgendwo gelesen hat. Noch dazu fühlt man sich, wird man auf diese Weise angesprochen, häufig so, als wäre man der ansprechenden Person nicht wichtig oder interessant genug, um etwas mehr als den öden 0-8-15-Spruch aus dem Gedächtnis hervorzukramen. Verstehen Sie mich nicht falsch – Sie müssen nicht Stunden darüber nachdenken, wie Sie möglichst einfallsreich und kontextgebunden ein Gespräch eröffnen können, das habe ich Ihnen bereits vermittelt. Es geht lediglich darum, die Augen offen zu halten, Ihren Partner, die Situation und den Ort wahrzunehmen und dies nach Möglichkeit in den Opener einfließen zu lassen. Keine Sorge, Sie sollen sich dabei nicht verstellen oder zum Poeten werden. Bleiben Sie natürlich! Und wenn Ihnen dabei ein Detail an der Person, die Sie ansprechen wollen, auffällt, zu welchem Ihnen etwas Interessantes oder einfach nur Freundliches einfällt, dann scheuen Sie sich nicht, es auszusprechen. Die

Dame trägt ein ähnliches Paar cooler Sneaker wie Sie? Sprechen Sie es an! Der junge Mann liest ein Buch, das Sie noch nicht kennen? Fragen Sie ihn, worum es geht! Und wenn Ihnen einfach nichts an der Person direkt auffallen will, womit Sie einsteigen können, dann betrachten Sie Ihre Umgebung, kommentieren Sie das außergewöhnlich schöne Wetter oder den leckeren Kuchen, der Sie an die Backkünste Ihrer Oma erinnert. Zeigen Sie Ihrem Gegenüber, dass Sie keinen Standardspruch von irgendwelchen Dating-Websites herunterrattern, sondern sich ernsthaft für ihn interessieren und aufmerksam sind. Oft ist das schon die halbe Miete.

2.2 DIE WICHTIGSTEN REGELN

Wenn Sie dann erst einmal ins Gespräch eingestiegen sind, ist die erste große Hürde gemeistert und dann kann auch eigentlich gar nichts mehr schief gehen. Oder? Leider ein weitverbreiteter Irrtum. Auch wenn wir uns während des Gesprächs, sofern uns unser Partner sympathisch ist und wir ein interessantes Thema besprechen, oft in einer Art Fluss befinden, der uns auflockert und die Unterhaltung angenehm und entspannt macht, gibt es doch einige Fettnäpfchen, die es zu vermeiden gilt. Dafür gibt es einige wichtige Regeln, die Sie unbedingt zumindest im Hinterkopf haben sollten!

Regel Nummer 1: Treten Sie Ihrem Gegenüber respektvoll entgegen

Scheinbar selbstverständlich und doch durchaus erwähnenswert. Häufig verfallen wir (unbewusst) in einen bestimmten Tonfall, wenn wir uns beispielsweise mit Personen unterhalten, gegenüber denen wir Vorurteile haben oder mit denen wir uns einfach nicht verstehen. Wichtig ist jedoch, sich stets daran zu erinnern, dass unser Gegenüber ein Mensch ist, der ein Mindestmaß an Respekt verdient hat. Dabei ist es unerheblich, wie alt, intelligent, sympathisch, optisch oder charakterlich ansprechend oder uns nahestehend die Person ist. Begegnen wir ihr mit Respekt, dürfen wir zumindest erwarten, dass sie uns ebenfalls respektvoll begegnet – alles andere ist wohl kaum wünschenswert. Abfällige Bemerkungen, selbst kleine Sticheleien oder bestimmte Begriffe, mit denen man jemanden in eine Schublade steckt oder sprachlich abwertet, sind ein absolutes No-Go in der guten Gesprächsführung. Wenn Sie wollen, dass Ihr Gegenüber Sie respektiert, müssen Sie ihn ebenfalls respektieren. Welche rhetorischen Mittel dabei vollkommen fehl am Platz sind, klären wir noch an späterer Stelle.

Regel Nummer 2: Blickkontakt herstellen

Nein, Sie müssen Ihren Gesprächspartner nicht mit Ihren Blicken durchbohren, absolut nicht, aber versuchen Sie, einen angenehmen Blickkontakt herzustellen. Weichen Sie dem Blick Ihres Gegenübers kontinuierlich aus, zeugt das von Unsicherheit und übermäßiger Nervosität. Damit laufen Sie Gefahr, nicht ernst genommen oder missverstanden zu werden. Es ist nicht immer einfach, den Blick des anderen zu halten, keine Frage, aber versuchen Sie es hin und wieder, erinnern Sie sich daran, dass das Gespräch dadurch nur angenehmer für beide Seiten wird, und vergessen Sie nicht, dass Ihr Gesprächspartner vielleicht auch ein wenig aufgeregt sein könnte oder sich zumindest in Sie und Ihre Situation hineinfühlen kann, wenn Sie zum Beispiel eine neue Arbeitsstelle antreten.

Regel Nummer 3: Seien Sie authentisch!

Sie müssen Ihrem Gesprächspartner nicht gleich Ihre komplette Lebensgeschichte erzählen, das wäre in den meisten Fällen absolut unangemessen und übertrieben, aber was Sie sagen, sollte der Wahrheit entsprechen. Nichts ist fataler, als ein Gespräch auf Lügen aufzubauen. Niemand sagt, dass Sie gleich mit Ihren Schwächen oder Lastern einsteigen sollen, Sie dürfen ruhig selektieren und Dinge unausgesprochen lassen, aber verändern Sie sich und Ihre Lebensrealität nicht für Ihr Gegenüber, um ein paar Sympathiepunkte einzuholen. Früher oder später wird Ihnen das auf die Füße fallen. Denken Sie daher an Ihre wirklichen Stärken und bleiben

Sie authentisch. Und wenn Ihnen das trotzdem schwerfallen sollte, können Sie ja auch vorerst den anderen reden lassen und ggf. Fragen stellen, bis Sie sich bereit fühlen, etwas über sich preiszugeben!

Regel Nummer 4: Lassen Sie den anderen ausreden!

Es kann schon einmal vorkommen, dass man sich im Eifer des Gesprächs gegenseitig aus Versehen unterbricht und in der Regel ist das auch überhaupt kein Problem. Doch wenn Sie Ihrem Gesprächspartner zu häufig ins Wort fallen, vermitteln Sie damit, dass Sie ihn nicht respektieren und Ihre Gesprächsbeiträge für wichtiger halten als seine. Der Gesprächsfluss wird unterbrochen, ein unangenehmes Gefühl auf beiden Seiten tritt ein und irgendwann bricht eine der beiden Seiten das Gespräch vielleicht sogar komplett ab. Achten Sie auf die Signale des anderen! Lassen Sie ihn ausreden, auch wenn Sie womöglich wissen, worauf er hinauswill, und bleiben Sie entspannt. Wer sich dauernd gegenseitig unterbricht, führt irgendwann einen Kampf gegeneinander, woraus sich in keinster Weise ein produktives, angenehmes Gespräch entwickeln kann.

Regel Nummer 5: Gehen Sie Kompromisse ein!

In einem Gespräch geht es in den meisten Fällen nicht darum, mit aller Kraft zu gewinnen. Versuchen Sie es daher gar nicht erst, denn dann entsteht auch ein Kampf. Stattdessen ist es ratsam, auf sein Gegenüber einzugehen, seine Position nachzuvollziehen (oder es zumindest zu probieren) und Kompromisse einzugehen, wenn man nicht vollkommen einer Meinung ist. Wenn es nicht gerade um Grundsatzfragen geht, ist das auch gar nicht so schwer. Ein einfaches "Ich sehe das so und so, aber ich respektiere deine Meinung" entschärft oft deutlich und wenn Sie merken, dass Sie partout auf keinen gemeinsamen Nenner kommen, können Sie den Vorschlag unterbreiten, das Gesprächsthema zu wechseln. Sie müssen nicht immer in allen Punkten einer Meinung sein, das ist auch gar nicht möglich, aber versuchen Sie nicht, auf Teufel komm raus den anderen von Ihren

Ansichten zu überzeugen, ohne eine Widerrede zuzulassen. Schließlich möchten ja auch Sie nicht, dass Sie und Ihre Werte prinzipiell abgelehnt werden, weil Sie nicht denen Ihres Gesprächspartners entsprechen. Wenn das alles nichts hilft und Ihre Meinung schlichtweg zu relevant für Ihr Wertesystem und Ihre Lebensgestaltung sind, ist es auch vollkommen legitim, ein Gespräch zu beenden. Das gilt übrigens auch für Ihren Chef oder die Kollegen, denn solange der Konfliktpunkt nicht Ihre Arbeitsweise betrifft, dürfen Sie auch im Job verschiedene grundsätzliche Vorstellungen haben.

Regel Nummer 6: Begründen Sie Ihre Meinung!

Wenn Sie einen bestimmten Standpunkt bezüglich eines Gesprächsthemas haben, sollten Sie diesen mitsamt einer Begründung auf verständliche Art und Weise formulieren. So geben Sie Ihrem Gegenüber die Möglichkeit, Ihre Meinung nachvollziehen zu können. Stellen Sie nicht einfach eine bloße Aussage, die Sie vertreten, in den Raum, denn das führt oft zu Unverständnis und Ablehnung, wenn der andere diese nicht teilen kann. Begründen Sie, warum Sie bestimmte Dinge empfinden oder so sehen, wie Sie sie eben sehen. Oft helfen dabei auch Formulierungen, die auf Ihr Empfinden abzielen, wie zum Beispiel "Ich sehe das kritisch, weil ich es als unmenschlich empfinde". Damit machen Sie deutlich, dass es sich um Ihre ganz persönliche Meinung handelt, ohne dabei polemisch etwas in den Raum zu werfen, was Ihr Gegenüber eventuell nicht nachempfinden kann.

Regel Nummer 7: Gestehen Sie Irrtümer ein!

Fehler zu machen ist menschlich. Merken Sie im Gespräch, dass Sie an irgendeiner Stelle falsch gelegen haben, sollten Sie nicht krampfhaft versuchen, Ihren Standpunkt dennoch durchzusetzen. Geben Sie zu, dass Sie etwas falsch verstanden oder anders wahrgenommen haben! Das entschärft die Situation und Ihr Gesprächspartner und Sie können sich auf einer sehr viel entspannteren Ebene austauschen. Wer trotz besseren

Wissens auf eine zuvor geäußerte Meinung beharrt, versteht das Gespräch als einen Wettstreit, den es um jeden Preis zu gewinnen gilt, aber ist damit irgendwem geholfen? Auch Ihr Gegenüber kann sich einmal irren, also wo ist das Problem, die eigenen Irrtümer einzugestehen? Sie werden sehen, dass Sie dadurch ein angenehmes und produktives Gespräch begünstigen, was letztendlich das oberste Ziel sein sollte.

Regel Nummer 8: Konzentrieren Sie sich auf das Wesentliche!

Oft schweift man in ergebnisorientierten Gesprächen in eine völlig andere oder nebensächliche Richtung ab, die mit dem eigentlichen Thema nichts mehr zu tun hat. Oft zeugt das davon, dass einem die Argumente ausgehen, weswegen man lieber um den heißen Brei herumredet. Wollen Sie im Gespräch einen Konflikt lösen? Dann bleiben Sie dabei! Lenken Sie nicht ab, indem Sie sich plötzlich über etwas ganz anderes beschweren, denn das kostet Sie nur Zeit und Nerven. Verlieren Sie Ihr Ziel nicht aus den Augen, falls es eines gibt.

Regel Nummer 9: Lassen Sie Pausen zu!

Auch wenn man sich oft vor einem peinlichen Schweigen fürchtet, ist es in Ordnung, sich gegenseitig Zeit zum Nachdenken zu geben. Damit signalisieren Sie Verständnis, Interesse und Respekt vor dem anderen. Meistens verkrampft man nämlich nur noch mehr, wenn man das Gespräch mit allen Mitteln versucht, am Laufen zu halten. Gerade, wenn Sie diskutieren, ist es absolut richtig, sich die Zeit zu nehmen, seine Meinung in die passenden Worte zu kleiden. Genehmigen Sie sich also selbst Pausen und seien Sie geduldig mit Ihrem Gesprächspartner! Ein Gespräch ist kein Wettrennen.

Regel Nummer 10: Schließen Sie das Gespräch gut ab!

Wenn irgendwann alle Argumente ausgetauscht sind oder sich das Gespräch nach einer schönen Verabredung dem Ende neigt, ist es wichtig, einen guten Abschluss zu finden. Nach einer hitzigen Diskussion ist es wichtig, sofern einem etwas an der Beziehung zum Gesprächspartner liegt, deutlich zu machen, dass einem der andere immer noch etwas bedeutet, auch wenn man nicht immer einer Meinung ist, und wenn Sie und Ihre Verabredung sich voneinander trennen, sollten Sie deutlich sagen, was Sie sich für die Zukunft vorstellen. Fragen Sie nach einem weiteren Treffen oder seien Sie ehrlich, wenn Sie nicht an einem tieferen Kennenlernen interessiert sind. Ehrlichkeit erspart Ihnen viele unangenehme Situationen und einiges an Zeit, die Sie vielleicht gar nicht investieren wollen. So oder so – gehen Sie nicht auseinander, ohne zumindest eine kleine Bilanz zu ziehen, in der Sie sich darüber verständigen, wie es nun weitergehen könnte.

2.3 RHETORIK – WIE ÜBERZEUGE ICH SPRACHLICH?

Die richtigen Worte zu finden, kann eine der größten Herausforderungen der gelungenen Gesprächsführung sein. Wenn Sie sich mit jemandem unterhalten, verfolgen Sie dabei ein Ziel, und wenn es nur das ist, überhaupt mit der Person zu kommunizieren. Dabei möchten Sie natürlich auch sprachlich eine gute Figur machen. Ob im Prüfungsgespräch oder während einer Unterhaltung mit jemandem, den Sie interessant finden – Rhetorik, die Kunst der überzeugenden Rede, ist der Schlüssel eines jeden erfolgreichen Gesprächs. Nicht umsonst befasste man sich schon zu Zeiten Aristoteles damit, der eines seiner Hauptwerke eben diesem Thema widmete. Das Thema hat dennoch über all die Jahre nichts an Aktualität eingebüßt, denn schließlich findet unsere Kommunikation immer noch zu großen Teilen verbal und nonverbal im Gespräch statt. Daher unternehmen wir nun einen Exkurs in die Kunst der Rhetorik, aber keine Angst – ich biete Ihnen ausschließlich Tipps und Tricks an, die Sie ganz einfach anwenden können und mit etwas Übung schnell verinnerlicht haben werden.

Bevor Sie mit dem Gespräch beginnen, sollten Sie sich, sofern die Möglichkeit besteht (beispielsweise bei einem Bewerbungs- oder Verkaufsgespräch), **vor Augen führen, was Ihre Ziele sind und auf welchem Stand sich Ihr Gesprächspartner befindet**. Wozu möchten Sie ihn bewegen? Welche Informationen sind neu für ihn und dementsprechend erklärungsbedürftig? Welche möglichen Fragen könnte mein Gegenüber haben? Werfen Sie nichts in den Raum, worüber Sie nur halb Bescheid wissen, und verpacken Sie es dabei nicht so, als könnten Sie bei Bedarf Erläuterungen anbieten. Am Ende überrumpelt Sie das nur und Sie geraten ins Straucheln. Es ist auch kein Problem, Vermutungen zu äußern, solange Sie diese als solche kennzeichnen. Natürlich müssen Sie nicht über alles und jeden Bescheid wissen, aber seien Sie ehrlich und authentisch mit der Informationsvergabe.

Beispiel: Sagen Sie, wenn Sie sich mit etwas unsicher sind, "*Ich glaube*, es verhält sich so und so", oder, "*Meiner Kenntnis nach* ist es auf die und die Art und Weise geschehen", anstelle von, "Es verhält sich so und so", oder, "Es ist auf die und die Art und Weise geschehen".

Ein weiterer Tipp, der beispielsweise auch beim Vorlesen oder Rezitieren greift, ist, dass Sie sich ruhig trauen sollten, sich **Zeit zu lassen**. Sprechen Sie deutlich, Ihrem Empfinden zufolge eher etwas zu langsam als zu schnell (die eigene Wahrnehmung des Sprechtempos täuscht meist ganz erheblich) und lassen Sie sich von Ihrem Gesprächspartner nicht beeindrucken, wenn er Ihnen das Gefühl vermittelt, er sei nun mit einem Gesprächsbeitrag dran, wenn Sie mit Ihrem noch nicht fertig sind. Das heißt natürlich nicht, dass Sie pausenlos und ohne Rücksicht auf Ihren Partner das Zepter beim Sprechen bei sich halten sollten, denn ein Monolog ist nur dann ein Gespräch, wenn Sie ihn mit sich selbst führen. Letztlich geht es darum, die Wörter nicht herunterzuschlucken und Ihren Standpunkt zu vertreten. Häufig neigen wir dazu, durch Sätze hindurch zu hasten, wenn Sie uns unangenehm sind oder wir uns über ihren Wahrheitsgehalt nicht ganz im Klaren sind. Kommunizieren Sie lieber Ihre Unsicherheit darüber, anstatt das Tempo anzuziehen, damit Ihr Gegenüber Sie nicht versteht. Nehmen Sie sich Zeit für das, was Sie sagen möchten, und zeigen Sie im Gegenzug auch bei Ihrem Gegenüber Geduld!

Verfallen Sie nicht in zu komplizierte, überlange, verschachtelte Sätze mit unnötigen Füllwörtern.

Das verwirrt nicht nur Sie, sondern auch Ihren Gesprächspartner. Gerade, wenn wir jemandem komplexe Sachverhalte näherbringen wollen, versuchen wir häufig, durch eine Anhäufung von konjunktiv miteinander verbundenen Sätzen besonders überzeugend und kompetent zu wirken. Die Gefahr ist dabei groß, wenn wir das nicht in der Gänze beherrschen, den roten Faden zu verlieren, sich zu verzetteln und letztendlich zu vergessen, wie wir den Satz eigentlich begonnen haben. Wozu der Aufwand? Bilden Sie eindeutige Sätze, bestehend aus einem Hauptsatz und maximal einem

Nebensatz. Schließlich kann auf einen Satz noch ein weiterer oder noch mehr Sätze folgen. Meistens sprechen Sie dann zwar etwas länger, aber eben auch sicherer und selbstbewusster.

Beispiel: Anstatt “Es ist daher absolut wichtig, die Tomaten täglich zu gießen, weil Sie, wie meine Großmutter mir schon beibrachte, ansonsten, sofern der Verkäufer nichts anderes sagt, innerhalb weniger Tage, manchmal sogar innerhalb weniger Stunden, eingehen” zu sagen, machen Sie es lieber so: “Meine Großmutter hat mir schon beigebracht, dass man Tomaten täglich gießen sollte. Das ist wichtig. Ansonsten gehen Sie nämlich innerhalb weniger Tage ein. Manchmal dauert es auch nur wenige Stunden. Aber frag sonst nochmal beim Verkäufer nach. Die sagen hin und wieder auch etwas anderes”.

Heben und senken Sie hin und wieder an geeigneter Stelle die Stimme.

Gerade bei längeren Redebeiträgen ist unser Gegenüber schnell gelangweilt und schweift mit den Gedanken ab, wenn wir in eine monotone Sprechweise verfallen. Sie können sich auch bezüglich Betonung einzelner Wörter, Lautstärke und Tempo ausprobieren (nur nicht zu schnell oder zu langsam werden!). Meistens entwickelt man dabei einen eigenen paraverbalen Stil, in dem man sich wohlfühlt und der auch einen gewissen Wiedererkennungswert mit sich bringt. Natürlich ist es in der Regel nicht Ihre alleinige Aufgabe, Ihr Gegenüber zu entertainen und ohne Unterbrechung bei der Stange zu halten, aber sicher erinnern Sie sich noch an Ihren langweiligen Lehrer oder Dozenten in der Schule oder Uni, der durch sein eintöniges Herunterleiern des Stoffs auch den letzten motivierten Schüler in den Halbschlaf gesprochen hat. Das sollten Sie vermeiden, wenn nicht genau das aus unerfindlichen Gründen das Ziel Ihres Gesprächs ist.

Gleichermaßen ist es wichtig, dass Sie Ihre Körpersprache nicht außer Acht lassen.

Mit Mimik und Gestik wird uns neben der verbalen Kommunikation die Möglichkeit gegeben, unsere Stimmung und Haltung auszudrücken oder zu unterstreichen. Achten Sie auf eine offene Haltung, indem Sie beispielsweise abwehrende, vor der Brust verschränkte Arme oder gelangweilte Hände in den Hosentaschen vermeiden. Wie ich bereits ausgeführt habe, ist auch der Gesichtsausdruck von großer Bedeutung, wenn Sie sprechen. Ein entspanntes, natürliches, nicht übertriebenes Lächeln ist in den meisten Fällen absolut angemessen. Manchmal kommt es vor, dass unser körperlicher Ausdruck im Widerspruch zum Gesagten steht, was an der Ernsthaftigkeit oder Aufrichtigkeit unserer Worte zweifeln lässt oder unseren Gesprächspartner verwirrt, da er uns nicht einschätzen kann. Was wir sagen, sollte also immer in einer gewissen Kongruenz mit unserer Körpersprache stehen. Das kann man übrigens hervorragend vor dem Spiegel üben!

Gerade dann, wenn uns nicht bewusst ist, dass wir beispielsweise einen eher negativen dauerhaften Gesichtsausdruck haben, hilft es, aktiv daran zu arbeiten, indem man mit seinem Spiegelbild spricht und sich bewusst darauf konzentriert, das Gesicht mit einem Lächeln oder dergleichen aufzuhellen. Dabei ist noch kein Meister vom Himmel gefallen, aber es lohnt sich, diese Baustelle anzugehen, das verspreche ich Ihnen!

Vermeiden Sie Modewörter oder andere Begriffe, die Ihr Gesprächspartner möglicherweise nicht einordnen kann.

Wenn Sie sich mit Ihrem Großvater unterhalten, wird er Sie vermutlich ratlos ansehen, wenn Sie ihn mit Ausdrücken der Jugendsprache bombardieren. Außerdem wirken Sie schnell unseriös, wenn Sie Wörter wie “Nice”, “Fake-News” oder “liken” z. B. im Gespräch mit dem (zukünftigen) Chef benutzen. Dabei ist es wichtig, auf den Kontext zu achten. Führen Sie ein Gespräch mit Ihrem Kind im Teenageralter, ist die Wahrscheinlichkeit sehr viel höher, dass es Sie versteht, wenn Sie "safe", "YOLO" oder "Gönn dir" in Ihren Wortschatz aufnehmen, aber ich gebe Ihnen einen wertvollen Rat: Tun Sie es trotzdem nicht. Eltern, die sich Ihren Kindern rhetorisch zu sehr anzupassen versuchen, um ihnen in einer Zeit, in der sie sich langsam von Mama und Papa abkapseln, näher zu kommen, bewirken damit in den meisten Fällen das Gegenteil und ernten eher ein "Du bist so peinlich, Mama" als lobende Worte. Achten Sie dementsprechend auf Ihre Umwelt und nutzen Sie Wörter, die dem Anlass, dem Gesprächspartner und Ihrer eigenen Persönlichkeit angemessen sind. Das Stichwort ist erneut: Authentizität!

Versuchen Sie außerdem, sofern das Thema und der Gesprächsanlass es zulassen, möglichst positive Formulierungen zu finden.

Ihr Gegenüber wird Ihnen dadurch aufmerksamer zuhören und Sie beide werden sich unbewusst besser fühlen. Zu viele Verneinungen können negativ wirken und in bestimmten Kontexten, v. a. bei der Nutzung von Imperativen, bei Ihrem Gesprächspartner genau das Gegenteil davon auslösen, was Sie mit Ihrem Gesprächsbeitrag bezwecken wollen. Also vermeiden Sie sie dann lieber.

Beispiel: "Hab keine Angst!", "Denk nicht daran, was alles schiefgehen könnte!" oder "Sei nicht so nervös!".

Bessere Alternativen: "Du schaffst das!", "Es kann nichts schiefgehen" oder "Bleib entspannt!".

Benutzen Sie nicht allzu häufig Superlative!

"Das ist die absolut beste Wahl", "Sie ist die wichtigste Person in meinem Leben", "Diese Funktionsweise ist ideal" – gehen Sie sparsam mit solchen Äußerungen um. Greifen Sie zu oft auf Superlative zurück, verlieren Sie möglicherweise an Glaubwürdigkeit, Ihr Gegenüber nimmt Sie nicht mehr ernst und schweift vielleicht sogar mit den Gedanken ab. Der Gedanke, dass Sie dauerhaft übertreiben, könnte schnell aufkommen.

Orientieren Sie sich dementsprechend am Leitsatz „Weniger ist mehr". Damit fahren Sie nicht nur, aber vor allem in der Rhetorik gut und sicher.

Nehmen Sie Komplimente und Lob an!

Häufig neigen wir dazu, positive Kritik an uns sprachlich schmälern oder sogar abwehren zu wollen. Wozu? Seien Sie stolz auf sich und die Eigenschaften oder Leistungen, die andere bemerken und für die Sie in der Folge gelobt werden. Ein "Danke, das freut mich" in Kombination mit einem freundlichen, natürlichen Lächeln ist viel mehr wert als ein bescheidenes "Ach nein, so toll ist das doch gar nicht", da Sie damit bei Ihrem Gegenüber in der Regel ein argumentatives Dagegenhalten herausfordern ("Doch doch, das hast du wirklich großartig gemacht"). Kommt das zu häufig vor, könnte Ihr Gesprächspartner denken, Ihre Bescheidenheit sei falsch und ziele genau darauf ab, noch mehr Komplimente zu bekommen. Und das entwirft womöglich ein völlig falsches Bild von Ihnen. Erkennen Sie Lob also höflich und in authentischer Art und Weise an!

Verstecken Sie sich nicht hinter anderen!

In eine ganz ähnliche Richtung geht dieser Ratschlag. Wenn Sie eine Meinung vertreten, dann stehen Sie auch dazu! Erfinden Sie keine Zwischenpersonen, die angeblich das denken, was Sie eigentlich aussagen wollen, um sich selbst zu schützen, falls Ihr Standpunkt beim Gesprächspartner auf Ablehnung stößt. Manchmal ist es schwer, vorher abzuschätzen, wie unser Gegenüber unsere Meinung aufnimmt, doch es ist keineswegs die richtige Lösung, in solchen Situationen so zu tun, als würde es sich gar nicht um unsere, sondern um die Meinung eines Dritten handeln, um diese Reaktion mit einer schützenden Distanz zu provozieren.

Denn schließlich ist es in Ordnung und völlig normal, nicht immer einer Meinung zu sein, vor allem bei sehr kontroversen Gesprächsthemen. Seien Sie selbstbewusst (wie Sie daran arbeiten, zeige ich Ihnen noch) und stehen Sie zu sich und Ihrem Standpunkt. Sollte Ihr Gegenüber eine andere

Meinung vertreten, gibt es verschiedene Lösungen (sich argumentativ für seine Position einsetzen, einen Kompromiss finden, das Thema wechseln etc.), damit adäquat umzugehen. Zu sagen, "Herr Mustermann findet die neue Arbeitskleidung hässlich", anstatt, "Ich finde die neue Arbeitskleidung hässlich", ist keine davon!

In gleicher Weise verhält es sich übrigens mit passiven Formulierungen, die Sie ebenfalls vermeiden sollten!

Was ist damit gemeint? Anstelle von, "Es wird angenommen, dass die neue Arbeitskleidung für die gebotene Qualität viel zu teuer ist", zu sagen, formulieren Sie es lieber so: "Ich denke, dass die neue Arbeitskleidung für die gebotene Qualität viel zu teuer ist". Passive Formulierungen signalisieren Unsicherheit, die Unfähigkeit, sich zu positionieren und mangelndes Selbstbewusstsein. Wer sich hingegen aktiv sprachlich ausdrückt, macht seinen eigenen Standpunkt deutlich, beweist Mut und kreiert einen persönlichen Gesprächsbeitrag. Trauen Sie sich, für sich selbst einzustehen! Damit können Sie bereits rhetorisch beginnen.

2.4 AUSSTRAHLUNG, SIGNALSENDUNG, SCHLAGFERTIGKEIT

Ein wenig sind wir bereits auf die Wichtigkeit der richtigen Körpersprache eingegangen. Nun wollen wir das im Hinblick auf die Bereiche der Ausstrahlung, des Selbstbewusstseins, der Signalsendung und der Schlagfertigkeit konkretisieren. Denn meistens beginnen dort die Probleme, die uns sprachlich hemmen oder unsere rhetorischen Fertigkeiten schmälern, weil Sie im Kontrast dazu stehen. Wie Sie an Ihrer nonverbalen Gesprächsführung arbeiten, um auf jeder erdenklichen Ebene zu überzeugen, zeige ich Ihnen jetzt!

Beginnen wir mit der Ausstrahlung! Den einen Schlüssel zu einer positiven, authentischen und überzeugenden Ausstrahlung gibt es nicht. Jeder Mensch ist individuell und muss einen Weg finden, mit sich selbst ins

Reine zu kommen und sich darüber klar zu werden, wie er gerne auf andere wirken möchte. Dabei ist es wichtig, sich selbst treu zu bleiben und nicht zu versuchen, jemand anders zu sein, denn dann handelt es sich um eine falsche Ausstrahlung, die nicht unserem Inneren entspricht und häufig dazu genutzt wird, andere zu täuschen (beispielsweise bei Hochstaplern oder Sektenführern).

Wir haben nur diesen einen Körper und diese eine Persönlichkeit, mit denen wir leben müssen und die wir dementsprechend einsetzen können, wenn wir das wollen. Eine positive Ausstrahlung geht übrigens Hand in Hand mit einem gesunden Selbstbewusstsein, wie Sie sich sicher denken können. Denn nur, wer sich selbst bewusst wahrnimmt und zumindest daran arbeitet, sich zu akzeptieren, kann dies auch nach außen transportieren. Daran kann man gezielt mit etwas Zeit und Übung arbeiten, das versichere ich Ihnen!

Tipp Nummer 1: Lieben Sie sich selbst oder versuchen Sie es wenigstens!

Es klingt so einfach und doch ist es mitunter die größte Herausforderung, die das Leben für uns bereithält. Wer mit sich selbst glücklich ist, strahlt positive Energie aus. Dabei geht es nicht um Selbstverliebtheit oder Arroganz, keineswegs! Wenn Sie sich selbst gern haben, strahlen Sie eine zufriedene Gelassenheit aus, auf die manch einer zwar vielleicht neidisch ist, den überwiegenden Teil werden Sie damit aber beeindrucken und dazu animieren, ebenfalls nicht so streng mit sich zu sein und sich so zu akzeptieren, wie man ist.

Vor allem im digitalen Zeitalter werden uns durch soziale Netzwerke oft Bilder von scheinbar perfekten Menschen angezeigt, wodurch wir das Gefühl haben, so wie sie sein zu müssen, um ein wirklich erfülltes Leben zu führen. Aber so ist es nicht! Ihr Leben wird nie exakt so wie das eines anderen sein und die Person, die Sie beneiden, wäre sicher nicht so glücklich und selbstbewusst, wenn Sie versuchen würde, jemand anderem nachzueifern. Es geht darum, sich auf das zu konzentrieren, was man selbst hat, und wie man eventuell daran arbeiten kann, wenn man das braucht.

Machen Sie sich dafür Ihre Stärken bewusst und setzen Sie sie ein, anstatt ständig über Ihre Schwächen nachzudenken. Umgeben Sie sich mit Menschen, von denen Sie gemocht werden und die Ihnen ein gutes Gefühl geben. Nichts ist fataler, als zu viel wert darauf zu legen, was Personen sagen, die einen nicht mögen. Gehen Sie mit sich selbst so um, wie Sie mit geliebten Menschen umgehen! Und stellen Sie sich nicht immer hinten an, denn Sie sind genauso wichtig und liebenswert wie jeder andere auch.

Tipp Nummer 2: Zeigen Sie Interesse an Ihrem Gegenüber!

Fast genauso wichtig, wie es ist, sich selbst zu mögen, ist es, anderen Personen Interesse entgegenzubringen. Und das funktioniert am besten im Gespräch! Zeigen Sie Ihrem Gesprächspartner beispielsweise, dass Sie Wert auf seine Meinung legen, wird er sich verstanden und gut fühlen und Sie positiv wahrnehmen. Dieses Interesse muss selbstverständlich echt sein. Gaukeln Sie nichts vor, was nicht da ist! Versuchen Sie, offen auf fremde Standpunkte zu reagieren und sich in Ihr Gegenüber hineinzufühlen, ohne ihn für sein Denken zu verurteilen! Merken Sie sich den Namen Ihres Gesprächspartners, denken Sie an eine offene Körpersprache, hören Sie zu und stellen Sie Fragen! Wer auch einmal zuhören kann, anstatt nur von sich selbst zu reden, wird definitiv positiv in Erinnerung bleiben und eine angenehme Gesprächsatmosphäre begünstigen.

Tipp Nummer 3: Versuchen Sie nicht, anderen zu gefallen!

Wer ständig nur daran denkt, sich korrekt auszudrücken, um dem Gesprächspartner bloß nicht auf die Füße zu treten, büßt einiges an Authentizität und Gelassenheit ein. Versuchen Sie stattdessen, wie bereits angesprochen, ehrlich und offen zu agieren. Das entkrampft nicht nur Sie, sondern das gesamte Gespräch.

Wenn Ihnen etwas unangenehm ist, müssen Sie es auch nicht ansprechen. Zum authentischen Auftreten gehört nicht, zwangsläufig all seine Schwächen und Laster offen auf den Tisch zu legen. Und wenn Sie sich doch dazu entscheiden, mutig für Ihre Interessen einzustehen, kann es sein, dass Sie dabei nicht immer eine positive Rückmeldung Ihres Gegenübers erhalten. Ist das schlimm? Natürlich nicht. Wirklich schlimm ist es, um jeden Preis mit dem Strom zu schwimmen und sich selbst zu verleugnen. Wer sich verstellen muss, um gemocht zu werden, macht sich selbst das Leben schwer und büßt einiges an Selbstbewusstsein ein.

Akzeptieren Sie lieber, dass Sie nicht mit jedem befreundet oder von jedem gemocht werden müssen, und zählen Sie auf den Kreis, der Sie für Ihre Meinung und Ihre Persönlichkeit schätzt. Das stärkt Ihr Selbstbewusstsein und sorgt für eine positive Ausstrahlung. Übrigens gilt das auch für Ihren Kleidungsstil, die Art, wie Sie Ihre Haare tragen oder wie sich schminken! Kleiden und stylen Sie sich so, wie Sie sich selbst wohlfühlen. Sicher gibt es Anlässe, zu denen eine bestimmte Art von Kleidung angemessener ist als eine andere, doch vor allem im Alltag stehen Ihnen alle Türen offen. Wer sich in seiner Haut und in seinem Look wohlfühlt, strahlt das auch aus!

Tipp Nummer 4: Nehmen Sie sich selbst nicht zu ernst!

Das ist ohnehin viel zu anstrengend. Lachen Sie auch einmal über sich selbst, anstatt im Boden zu versinken, wenn Ihnen etwas Peinliches herausrutscht. Wer sich ständig selbst für seine Fehler verurteilt und nur die eigene Bestleistung erwartet, strahlt eine negative, verkrampfte Stimmung aus. Viel beeindruckender wirkt es dahingegen, wenn Sie das Leben und sich selbst nicht mehr so schwer nehmen, glauben Sie mir! Selbstvertrauen bedeutet nicht, unfehlbar zu sein und darauf mit aller Kraft hinzuarbeiten, indem man sich für Fehltritte bestraft oder sie bis zum Umfallen im Nachhinein zerdenkt, nein.

Selbstvertrauen heißt, dass es völlig okay ist, auch einmal etwas falsch zu machen, weil man ganz genau weiß, dass es nicht die Schwächen sind, die einen Menschen ausmachen, sondern die gesamte Persönlichkeit, zu der auch die Stärken zählen. Wenn Sie daran arbeiten, das zu akzeptieren, indem Sie es sich immer wieder vor Augen führen, werden Sie eine selbstbewusste Zufriedenheit ausstrahlen, die auf Ihr Umfeld abfärbt.

Tipp Nummer 5: Hören Sie auf, sich zu vergleichen!

Weder im Gespräch noch in irgendeiner anderen Situation hat es jemals geholfen, sich mit jemand anderem zu vergleichen. Zwangsläufig stoßen wir dabei auf unsere Schwächen, machen uns selbst darauf aufmerksam, was wir nicht haben, und wünschen uns im schlimmsten Fall, eine andere Person zu sein. Ist das realisierbar? Nein! Deswegen ergibt es auch überhaupt keinen Sinn, sich selbst und die eigenen Besitztümer mit anderen in Beziehung zu setzen, denn es macht uns nur unglücklich und ist in keinster Weise konstruktiv. Fragen Sie sich stattdessen lieber, was Sie selbst noch erreichen möchten, wo Ihre Potenziale liegen und was für ein Ich Sie gerne in der Zukunft sein wollen.

Wenn Sie sich verändern möchten, sollten Sie sich realistische Ziele in mehreren Etappen setzen, damit Sie auf Ihrem Weg nicht entmutigt werden. Wollen Sie beispielsweise abnehmen, denken Sie nicht, “Ich möchte in vier Wochen aussehen wie Topmodel XY”, sondern lieber, “Ich möchte in einem halben Jahr wieder in meine alte Lieblingshose passen”. Es ist vollkommen verständlich, an sich arbeiten zu wollen, wenn man unzufrieden ist und darunter auch die positive Ausstrahlung leidet, aber Ihr Ansporn sollte niemals sein, so intelligent, schlank, sportlich, hübsch etc. wie jemand anders zu sein! Fokussieren Sie sich auf sich selbst, denn es geht um Sie und um niemand anders!

Tipp Nummer 6: Nehmen Sie sich Zeit für sich selbst!

In unserer schnelllebigen, digitalen und oftmals stressigen Welt ist es oft gar nicht so leicht, sich auch einmal eine Auszeit zu gönnen. Dabei ist das so wichtig! Nehmen Sie sich also bewusst Zeit nur für sich selbst, in der Sie über das Erlebte der letzten Zeit, über Ihre Pläne für die Zukunft und über Ihre Wünsche nachdenken. Zergrübeln Sie dabei nicht Ihre Fehler der Vergangenheit und machen Sie sich keine Vorwürfe. Was geschehen ist, lässt sich nicht mehr ändern. Nehmen Sie sich stattdessen z. B. vor, beim nächsten Mal vorsichtiger zu sein oder besser über bestimmte Dinge nachzudenken, und haken Sie die Dinge dann ab. Alles andere würde Sie nur unnötig lange belasten. Wichtig ist, sich selbst auch einmal bewusst wahrzunehmen, ohne dabei ständig über andere nachzudenken.

Wenn Sie eine Familie haben, ist das nicht so einfach, selbstverständlich nicht. Es muss auch nicht direkt das ausgiebige Wellnesswochenende ohne Kinder und Partner sein (wobei Oma und Opa sich sicher auch einmal über ein paar Tage mit den Enkeln freuen), wenn diese Möglichkeit nicht besteht. Meistens reicht es aus, sich abends, wenn alle zur Ruhe kommen, eine Badewanne einzulassen, ein Tässchen Tee zu kochen oder die Lieblingsmusik anzumachen, um ein paar Minuten nur für sich zu sein. Planen Sie diese Zeit ein und das ruhig öfter, denn schließlich kommt oft genug dann doch etwas dazwischen, weswegen es gut ist, Ausweichtermine für ein Date mit sich selbst in petto zu haben.

Kommen wir nun zur richtigen Signalsendung! Probleme im Gespräch rühren manchmal daher, dass wir von unserem Gegenüber missverstanden werden. Dies kann auf einer verbalen, aber auch auf der non- und paraverbalen Ebene geschehen. Damit Sie in Zukunft keine Angst mehr haben müssen, dass Ihr Gesprächspartner Ihre Freundlichkeit mit einem Flirt verwechselt oder der Chef Ihr konzentriertes Auftreten für Unaufmerksamkeit hält, gebe ich Ihnen nun eine Schritt-für-Schritt-Anleitung, wie Sie Signale so aussenden, dass Sie auch genauso bei Ihrem Gesprächspartner ankommen, wie Sie von Ihnen gemeint sind.

Schritt Nummer 1: Werden Sie sich darüber bewusst, was Sie wollen!

Um Signale eindeutig auszusenden, müssen Sie sich zunächst darüber bewusst werden, was Sie überhaupt vermitteln wollen, also was Sie sich von diesem Gespräch versprechen. Sind Sie offen für eine Beziehung oder suchen Sie nur etwas Lockeres, Unkompliziertes? Oder sind Sie im Moment oder längerfristig vielleicht sogar an gar keiner Art der Bindung interessiert, wie auch immer sie aussehen mag? Machen Sie keine falschen Hoffnungen, indem Sie Ihrem Gesprächspartner etwas präsentieren, was Sie gar nicht sind oder wollen, worüber Sie sich selbstverständlich spätestens im Laufe des Gesprächs klar werden sollten. Übrigens: der Wunsch, das Ganze erst einmal ohne Erwartungen auf sich zukommen zu lassen, ist auch eine Vorstellung oder ein Ziel, das man haben kann. Wichtig ist nur, dass Sie sich vor oder während des Gesprächs sicher werden, was Sie möchten.

Schritt Nummer 2: Reflektieren Sie über Ihr Handeln bewusst!

Lernen Sie jemanden näher kennen, sollten Sie sich darüber im Klaren sein, dass der andere, genau wie Sie, Ihr Handeln ständig bewusst und unterbewusst versucht, zu deuten. Suchen Sie also nicht leichtfertig Körperkontakt, reden Sie nicht darüber, dass Sie ein Familienmensch sind, wenn es nicht stimmt und Sie Ihr Gegenüber damit nur beeindrucken wollen, und meiden Sie z. B. intensiven, langen Blickkontakt, wenn Sie sich von dem Gespräch nicht mehr als eine Freundschaft erhoffen. Vor allem dann, wenn die Fronten noch nicht eindeutig geklärt sind und Sie nicht wissen, was Ihr Gesprächspartner sich von der Unterhaltung und Ihnen verspricht, sollten Sie unbedingt darüber nachdenken, was Ihre Körpersprache dem anderen womöglich sagen könnte.

Schritt Nummer 3: Handeln Sie nach Ihrem Gefühl!

Ihrem Gesprächspartner zu vermitteln, wie Sie zu ihm stehen, beginnt bereits bei der nicht-sprachlichen Signalsendung. Wie das geht? Verstellen Sie sich nicht. Agieren Sie natürlich und authentisch, so, wie Sie sich fühlen. Genauso wenig, wie Sie Dinge behaupten sollten, die Sie nicht so meinen, sollten Sie beispielsweise Körperkontakt zu jemandem aufbauen, bei dem Sie nicht das Gefühl haben, das dies dem Gespräch oder Ihrer Haltung der Person gegenüber angemessen ist. Auch hier gilt die Devise: Denken Sie nicht zu viel nach (aber auch nicht zu wenig) und handeln Sie natürlich und authentisch. Wer seinem Herzen folgt, kann gar keine falschen Signale aussenden. Das Problem ist dann eher, dass man vorher herausfinden muss, was das Herz einem sagt (siehe Schritt Nummer 1).

Im abschließenden Teil dieses Themenbereichs möchte ich Sie mit Tipps und Tricks rund um etwas versorgen, von dem sich sicher jeder irgendwann einmal gewünscht hat, er wäre darin in der mündlichen Kommunikation etwas besser. Es geht um Schlagfertigkeit, die unweigerlich mit einem gesunden Selbstbewusstsein und entsprechender Ausstrahlung in Verbindung steht und die auf andere sehr beeindruckend wirken kann. Wie oft reflektieren Sie nach einer Unterhaltung über das Gesagte und ärgern sich darüber, dass Ihnen bestimmte Äußerungen, die sehr gut gepasst hätten und Ihr Gegenüber sicherlich zum Staunen oder Nachdenken gebracht hätten, nicht sofort, sondern erst viel zu spät einfallen? Sicherlich nicht allzu selten. Daher zeige ich Ihnen nun, welche verschiedenen Möglichkeiten des spontanen Konterns es gibt, wie Sie also im Gespräch schlagfertiger werden können.

1. Nutzen Sie die Übertreibung!

Das ist ein guter Hinweis für alle, die in Drucksituationen nicht allzu kreativ sind, denn hierfür müssen Sie sich nicht komplett allein eine passende Antwort einfallen lassen, wenn Sie beispielsweise von jemandem verbal angegriffen werden, sondern Sie nutzen das, was Ihr Gegenüber gesagt hat, und ziehen es mittels Sarkasmus (Merke: Sarkasmus ist eine Übertreibung. Ironie hingegen bedeutet, Gegenteiliges davon zu sagen, was man eigentlich denkt. Ironische Äußerungen können aber auch sarkastisch sein) ins Lächerliche bzw. Unglaubwürdige. Damit zeigen Sie, dass Sie die Bemerkung Ihres Gesprächspartners als unsinnig erachten und als einen Scherz verstehen. Dabei ist es wichtig, dass die Übertreibung sehr stark ist, damit deutlich wird, dass es sich tatsächlich um eine solche handelt. Übrigens beweisen Sie damit auch, dass Sie über sich selbst lachen können und sich dementsprechend nicht so ernst nehmen, anstatt wegen jedes negativen Kommentars in die Luft zu gehen. Hier ein Beispiel:

"Du hattest aber auch schon mal bessere Laune!"

"Damals habe ich aber auch noch für jeden Tag, an dem ich nicht einmal ein Gesicht gezogen habe, eine Million Euro geschenkt bekommen! Da hat sich gute Laune noch gelohnt".

2. Machen Sie Ihrem Gegenüber ein Kompliment für die Bemerkung!

Klingt komisch, hilft aber wirklich. Wenn Ihr Gesprächspartner einen unerwünschten Kommentar äußert, sollten Sie ihn (ironisch) dafür loben, anstatt auf die beispielsweise abfällige Bemerkung einzugehen. Damit gehen Sie einer Diskussion über die Aussage an sich aus dem Weg und zeigen, dass Sie sich davon nicht beeindrucken oder verletzen lassen. Beispiel:

"Also die Kombination von Kleid und Schuhen ist aber sehr eigenwillig."

"Danke für den Hinweis. Ich wusste gar nicht, dass du seit Neuestem Modeexpertin bist."

3. Verwenden Sie die Waffen Ihres Gegenübers gegen ihn/sie!

Definitiv am unterhaltsamsten, aber auch am schwersten, weil es einiges an Selbstbewusstsein und Übung verlangt, ist die Strategie der Retourkutsche. Verwenden Sie den Spruch Ihres Gesprächspartners gegen ihn, indem Sie ihn an ihren Partner anpassen und umdrehen. Dabei sollten Sie darauf achten, dass Sie keine Unwahrheit und nichts vollkommen Abwegiges sagen, da Sie damit die Wirkung verfehlen könnten. Achtung: Die Retourkutsche kann sehr beleidigend sein, weswegen sie in vielen Situationen unangemessen ist. Ein Beispiel:

"Wenn ich so wenig Freunde hätte wie du, würde ich mich heulend in der Ecke verkriechen."

"Wenn ich so wenig *wahre* Freunde hätte wie du, würde ich mich heulend in der Ecke verkriechen."

Egal, welche dieser Strategien Sie nutzen, um sich in Schlagfertigkeit zu üben – denken Sie daran, dass diese nicht immer gut aufgenommen wird. Ihr Gesprächspartner könnte Ihre Konter falsch verstehen und sich dadurch beispielsweise gekränkt fühlen. Wägen Sie also vorher ab, ob Sie sich im geeigneten Gespräch befinden, um schlagfertige Antworten von sich zu geben. Ihr Chef könnte Ihre Schlagfertigkeit durchaus als Frechheit empfinden. In anderen Situationen, beispielsweise in einem lockeren Gespräch mit Freunden oder der Familie, ist Schlagfertigkeit ein gutes Mittel, sich gegen verbale Angriffe zu verteidigen. Dafür braucht es Übung. Denken Sie beispielsweise nach einem Gespräch bewusst über Situationen nach, in denen Ihnen keine schlagfertige Antwort eingefallen ist, und überlegen Sie in Ruhe, welche Konter an dieser Stelle gepasst hätten. Halten Sie sie schriftlich fest und versuchen Sie, sich ein oder zwei davon zu merken, damit Sie sie abrufen können, wenn Sie in eine ähnliche Situation gelangen.

Ähnlich gut funktioniert es, sich bereits vor einem Gespräch in Schlagfertigkeit zu üben, beispielsweise in fiktiven Unterhaltungen. Schalten Sie das Radio an, lauschen Sie einem Podcast oder beobachten Sie im Fernsehen eine Talkshow. Tun Sie so, als wären Sie einer der Gesprächspartner, und antworten Sie entsprechend auf an die Person gestellte Fragen oder Aussagen. Sicherlich fällt es einem leichter, schlagfertig zu sein, wenn man ein sehr kreativer oder mutiger Mensch ist, doch letztlich ist Schlagfertigkeit etwas, das man definitiv üben kann. Sie werden sehen, dass Sie von Mal zu Mal besser werden und irgendwann ganz selbstverständlich den passenden Konter parat haben.

2.5 TYPISCHE FEHLER/PROBLEME IM GESPRÄCH

Wir sind in den einzelnen vorangegangenen Ausführungen zwar schon hin und wieder darauf eingegangen, dennoch denke ich, dass es durchaus wichtig ist, sich noch einmal gesondert die verbliebenen größten und typischsten Fehler und Probleme, die eine gute Gesprächsführung verhindern oder einschränken, vor Augen zu führen, damit diese präsenter werden und um anschließend mögliche Strategien der Vermeidung bzw. der nachträglichen Korrektur zu besprechen. Wenn Sie wissen, woran ein gelungenes Gespräch scheitern kann, fällt es Ihnen leichter, die entsprechenden Auslöser zu umgehen.

Fehler Nummer 1: Sie hören nicht zu

Einer der häufigsten Fehler der zwischenmenschlichen Kommunikation ist, dass man einander nicht versteht, weil man dem Gesprächspartner nicht richtig zuhört. Möchten Sie ein Gespräch führen? Dann machen Sie sich bewusst, dass dazu mehr als Ihr eigener Gesprächsbeitrag gehört. Das klingt hart, ist aber wichtig, da man während einer Unterhaltung oft und meistens nicht einmal mit Absicht nur darauf wartet, dass der Gegenüber mit seinem Beitrag fertig ist, damit man selbst am Zuge ist. Damit signalisieren Sie ihm mangelnde Wertschätzung und, dass Sie Ihre Beiträge als wichtiger erachten. Auch wenn es schwerfallen kann – hören Sie bewusst zu, drängen Sie Ihren Gesprächspartner nicht, lassen Sie einander ausreden und signalisieren Sie hin und wieder beispielsweise durch ein Nicken oder durch bestätigende Einwürfe, wie ein kurzes "Ja" oder "Okay", dass Sie noch bei der Sache sind und Ihnen die Meinung des anderen nicht egal ist.

Fehler Nummer 2: Sie reden überhaupt nicht

Das genaue Gegenteil, nämlich überhaupt kein Wort hervorzubringen, entsteht, wenn wir beispielsweise zu große Angst vor Ablehnung oder gegensätzlichen Meinungen haben. Anstatt uns zu einem Thema zu äußern, lassen wir den anderen durchgängig sprechen, was besser und schlechter funktionieren kann. So oder so handelt es sich in solchen Fällen um kein gelungenes Gespräch. Arbeiten Sie an Ihrem Selbstbewusstsein (Tipps und Tricks kennen Sie ja mittlerweile), machen Sie sich bewusst, dass auch Sie etwas zu sagen haben, und lassen Sie sich nicht unterbuttern! Ein Gespräch besteht aus mindestens zwei Personen.

Fehler Nummer 3: Sie unterstellen etwas

Indem Sie mit negativen Unterstellungen, wie z. B. "Du hast ja eh keine Lust, mit raus zu kommen", ins Gespräch gehen, provozieren Sie möglicherweise genau das, was Sie Ihrem Gesprächspartner unterstellen. Vielleicht wollte Ihr Partner sogar mit spazieren gehen, fühlt sich durch diese Bemerkung aber gekränkt und bleibt deswegen aus Protest zu Hause. Versuchen Sie lieber, positiver an die Sache heranzugehen, indem Sie z. B. auf das schöne und hervorragend zum Spazieren geeignete Wetter hinweisen, um dann zu fragen, ob Ihr Partner nicht Lust hat, Sie zu begleiten. Das ist sehr viel effektiver, als bereits davon auszugehen, dass Ihre pessimistischen Erwartungen erfüllt werden.

Fehler Nummer 4: Sie verallgemeinern zu viel

"Das machst du immer so" oder "Nie hilfst du mir". Kommen Ihnen diese Verallgemeinerungen bekannt vor? Formulierungen beispielsweise mit "nie" oder "immer" führen häufig zu Konflikten, da es sich in der Regel um Übertreibungen handelt, die Ihr Gesprächspartner als ungerechtfertigten Angriff auffassen kann. Und selbst, wenn es tatsächlich so ist, dass Ihr Partner Ihnen nie im Haushalt hilft, führen solche Aussagen selten dazu, dass sich ernsthaft über die Problematik Gedanken gemacht wird. Stattdessen geht Ihr Partner vermutlich eher in die Abwehrhaltung. Nutzen Sie stattdessen Sätze wie, "Es verletzt mich, dass du mir so selten hilfst", oder, "Ich verstehe nicht, wieso du das so oft machst", also Formulierungen, in denen Sie auf Ihre Gefühle und Gedanken eingehen. Dadurch wird Ihrem Partner bewusster, was Sie von ihm wollen und wie es in Ihrem Inneren aussieht.

Fehler Nummer 5: Sie sind nicht kritikfähig

Anstatt sich darüber bewusst zu werden, dass konstruktive Kritik durchaus etwas Positives sein kann und Ihr Gesprächspartner möglicherweise Mut aufbringen musste, um diese zu äußern, weil Sie ihm wichtig sind und er Ihnen damit helfen wollte, nehmen Sie die Kritik sofort persönlich und/oder echauffieren sich darüber. Sicher, nicht jede Kritik ist hilfreich oder stimmt mit der Realität überein, aber gerade im Gespräch mit engen Freunden oder der Familie können Sie sich in der Regel sicher sein, dass Ihr Gesprächspartner Ihnen nichts Böses will. Indem Sie jede Kritik abblocken oder sich darüber aufregen, vermitteln Sie jedoch den Eindruck, dass Sie auf Ihre Schwächen und Fehler generell nicht hingewiesen werden wollen und für andere Meinungen generell nicht empfänglich sind. Das kann dazu führen, dass man seltener das Gespräch mit Ihnen sucht. Verstehen Sie mich nicht falsch – wird Kritik auf unangemessene Art und Weise geäußert, können Sie das selbstverständlich anmerken und darum bitten, dies zu ändern, aber wehren Sie aufgrund dessen nicht sofort den Kern der Aussage ab, sondern denken Sie erst einmal darüber nach und überprüfen Sie für sich selbst, ob dieser nicht vielleicht der Wahrheit entspricht.

Fehler Nummer 6: Sie können mit Ihren Emotionen nicht umgehen

Egal, ob bei Kritik oder wenn Sie etwas, was Ihr Gegenüber sagt, wütend macht – Emotionen zu zeigen ist prinzipiell nicht falsch. Lassen Sie sich aber nicht von ihnen steuern, ohne Ihren Verstand einzusetzen. Wer mit zu viel Leidenschaft in ein Gesprächsthema einsteigt, verschwendet oft Energie oder macht sich verwundbar. Sie müssen nicht die ganze Welt retten, indem Sie versuchen, ungerechte oder beispielsweise diskriminierende Einstellungen Ihres Gegenübers zu verändern. Das werden Sie ohnehin nur selten schaffen. Steigern Sie sich dennoch in die Situation und Ihre Gefühle hinein, können Sie dadurch verletzt und unglücklich werden. Akzeptieren Sie, dass Sie nicht jeden von Ihren Ansichten überzeugen können, atmen Sie tief durch, wenn Sie merken, dass Ihre Emotionen mit Ihnen durchzugehen drohen und beenden Sie notfalls auch einmal ein Gespräch. "Tut mir leid, aber bei diesem Thema kommen wir einfach nicht auf einen gemeinsamen Nenner" ist in der Regel eine bessere Lösung, als mit aller Kraft zu versuchen, den Gesprächspartner bezüglich einer Thematik umzustimmen.

Denken Sie gut darüber nach, ob es sich lohnt, Ihre volle Energie in die Unterhaltung zu investieren, und machen Sie, falls Sie sich nicht sicher sind, lieber etwas ruhiger und gebremster weiter. Wie so vieles im Leben besteht ein gutes Gespräch aus einer gesunden Kombination von Herz und Verstand.

Fehler Nummer 7: Sie beantworten Ihre eigenen Fragen

Kommt Ihnen das bekannt vor? Ein Fehler, der häufiger vorkommt, als man denkt, ist, eine Frage (vermeintlich) an sein Gegenüber zu stellen und diese gleich danach selbst zu beantworten. Ihr Gesprächspartner wird sich fragen, was Sie damit vermitteln wollen. Häufig wirken solche Situationen so, als würden Sie mit Ihrem Wissen angeben wollen oder als würden Sie denken, dass Ihr Gesprächspartner nicht kompetent genug ist, die Frage angemessen zu beantworten. Gerade im universitären Kontext gibt es immer wieder Studenten, die den Dozenten etwas fragen und danach sofort eine Antwort formulieren, um vor der Lehrkraft zu glänzen: "Ich habe mich gefragt, wie dieser Paragraf zu verstehen ist. Ist es nicht so, dass...?". Was bereits in der Uni für genervte Reaktionen bei den Mithörern sorgt, ist im privaten Gespräch meist noch viel unangenehmer. Stellen Sie keine Fragen, um sich selbst in den Mittelpunkt zu stellen, indem Sie selbst eine Antwort liefern! Personen, die Sie kennen, schätzen Sie auch so und Ihr Dozent wird spätestens in der Prüfung merken, was Sie drauf haben.

Es ist also absolut nicht nötig, sich auf diese Art und Weise in den Vordergrund zu drängen, und es hinterlässt in aller Regel keinen sonderlich positiven Eindruck.

Fehler Nummer 8: Sie warten zu lange

Handelt es sich um ein klärendes Gespräch oder um eines, in dem Sie bewusst Kritik an Ihrem Gesprächspartner äußern müssen, sollten Sie dies nicht zu lange vor sich herschieben. Oft begehen wir den Fehler, Dinge, die uns stören, nicht direkt anzusprechen. Stattdessen warten wir und negative Gefühle stauen sich auf. Immer mehr Kritikpunkte kommen hinzu oder die eine Sache, die uns an unserem potenziellen Gesprächspartner stört, wiederholt sich andauernd, was uns immer wütender macht. Suchen Sie daher so bald wie möglich das Gespräch, wenn es etwas gibt, worüber gesprochen werden muss. Damit entschärfen Sie die Situation, schonen Ihre Nerven und müssen später nicht die unangenehme Frage beantworten, warum Sie nicht gleich etwas gesagt haben.

Fehler Nummer 9: Sie setzen zu viel Wissen voraus

Auch als "Fluch des Wissens" bezeichnet, handelt es sich bei diesem Fehler um einen, der gerade besonders intelligenten oder in einem bestimmten Bereich belesenen Personen unterläuft: Es wird zu viel Wissen beim Gesprächspartner vorausgesetzt. Häufig passiert das unterbewusst und ohne böse Absicht. Wenn wir selbst über ein Thema sehr gut Bescheid wissen, gehen wir oft automatisch davon aus, dass es sich bei unserem Gegenüber genauso verhält. Dementsprechend gestaltet sich das Gespräch: Wir äußern Dinge, für die es ein gewisses Vorwissen braucht, um sie zu verstehen, ohne diesen Umstand zu bedenken.

Daraus resultieren Unverständnis aufseiten unseres Gesprächspartners und ein unproduktives Gespräch. Häufig müssen wir von unserem Gegenüber nur daran erinnert werden, dass wir uns gerade in einer Sphäre befinden, die nur von uns durchblickt wird, aber manchmal fehlt unserem Gesprächspartner auch das Selbstbewusstsein, diesen Umstand anzumerken. Daher sollten Sie sich in Gesprächen immer die Frage stellen, auf welchem Stand bzgl. des Gesprächsthemas Ihr Gegenüber vermutlich ist und welche Verstehens-Voraussetzungen dementsprechend vorhanden sind oder auch nicht. Im Zweifelsfall fragen Sie einfach nach ("Kennst du dich mit ... aus?" oder "Was weißt du über...?"), damit Sie ggf. bestimmte Zwischenschritte in der Erklärung ergänzen können.

Und falls Sie selbst die Person sein sollten, die nur Bahnhof versteht, ist es wirklich keine Schande, dies direkt zu Beginn des Gesprächs zu äußern! Sie sind schließlich keine Maschine und können nicht über alles im Bilde sein, also brauchen Sie sich auch nicht schämen, wenn Sie mit bestimmten Themen nicht vertraut sind. Wichtig ist, dass beidseitig über den eigenen Wissensstand kommuniziert wird, damit ein Gespräch auf Augenhöhe stattfinden kann.

Fehler Nummer 10: Sie greifen Ihr Gegenüber an

Dieser Fehler hat mit mangelndem Respekt zu tun. Indem Sie das Selbstbild Ihres Gesprächspartners angreifen, wird dieser entweder in den Konfrontations- oder in den Ausweichmodus übergehen, und in jedem Falle riskieren Sie damit, ihn auf persönlicher Ebene zu verletzen. Anstatt Ihrem Gegenüber also klarzumachen, wie unfähig oder inkompetent er ist, indem Sie Sätze wie, "Wie oft soll ich dir das noch erklären?", von sich geben, sollten Sie, auch wenn es schwerfällt, darüber nachdenken, was Aussagen wie diese auslösen können.

Wird es Ihrem Gesprächspartner dadurch leichter fallen, eine bestimmte Aufgabe in Zukunft besser zu erfüllen? Vermutlich nicht, denn wahrscheinlich bauen Sie somit nur noch mehr Druck und andere negative Gefühle auf, anstatt Vertrauen und Sicherheit zu vermitteln, woran Ihr Gegenüber viel eher wachsen kann. Sollten Sie die Person sein, die angegriffen wird, atmen Sie zunächst tief durch, machen Sie darauf aufmerksam, dass soeben eine Grenze überschritten wurde und dass Sie gerne in einem angemessenen Ton über das Problem sprechen können. Denken Sie außerdem daran, dass Personen, die auf diese Art und Weise ausfällig werden, meist ein Problem mit sich selbst haben und dieses in dieser Situation entladen, weswegen Sie solche Angriffe nicht persönlich nehmen sollten.

2.6 ZUSAMMENFASSUNG

Selbstverständlich gibt es noch mehr große oder kleine Schwierigkeiten, die ein Gespräch beeinträchtigen können, die sich aber vermeiden lassen, wenn Sie die wichtigsten Gesprächsregeln im Hinterkopf haben. Nun stellt sich die Frage, wie man sich all das, was wir auf den letzten Seiten gemeinsam erarbeitet haben, merken soll. Selbstverständlich ist es nicht möglich, jeden einzelnen Tipp und Trick und jede Regel für ein gutes Gespräch in seiner Ausführlichkeit zu behalten.

Dafür waren es schlichtweg zu viele. Und einer davon war schließlich, sich nicht zu viele Gedanken zu machen, wenn man in ein Gespräch geht. Wenn Sie jedoch wissen, dass nächste Woche ein Date, ein Bewerbungsgespräch oder eine andere wichtige, zumindest teilweise planbare Verabredung bzw. Unterhaltung auf Sie zukommt, kann es schon helfen, die letzten Kapitel noch einmal zu überfliegen, um sich Stichwörter und -sätze einzuprägen, die Sie dann in der geeigneten Situation abrufen können. Seien Sie nicht frustriert, wenn das nicht auf Anhieb klappt: Gute Gesprächsführung ist Übungssache und Fehler sind in den meisten Fällen verzeihbar.

Was Sie jedoch in jedem Falle vermeiden sollten, ist Folgendes:
respektlos gegenüber Ihrem Gesprächspartner zu sein,
sich zu verstellen,
das Gespräch als einen Kampf um Sieg oder Niederlage anzusehen,
Ihre Emotionen Überhand gewinnen zu lassen und
sich selbst allzu ernst zu nehmen.

Denken Sie stattdessen an die Basics:
Lächeln Sie und achten Sie auf eine offene, positive Körperhaltung!
Passen Sie sich ggf. der Situation an!
Fehler sind menschlich, verzeihen Sie sich also und üben Sie weiter!

Einzelheiten, wie Sie z. B. an Ihrer Rhetorik, Ihrem Selbstbewusstsein oder Ihrer Ausstrahlung arbeiten können, sind jederzeit in den entsprechenden Teilkapiteln nachlesbar und es empfiehlt sich gerade dann, noch einmal nachzuschlagen, wenn Sie wissen, wo genau Ihre Probleme in der Gesprächsführung normalerweise liegen. Ansonsten lässt sich allgemein vor allem eines sagen: Mit ein wenig Übung meistern Sie jedes Gespräch!

3. Die wichtigsten Gesprächsarten

Da es aber durchaus gravierende Unterschiede zwischen den Klassikern Smalltalk und Bewerbungsgespräch gibt – einer gefürchteter als der andere – und Sie sich dementsprechend im Detail verschieden auf diese speziellen Gesprächsarten vorbereiten können, werden wir im Folgenden die wichtigsten Arten der zwischenmenschlichen Kommunikation sowie das, was Sie dabei beachten und vermeiden sollten, besprechen, damit Sie, sofern Sie wissen, dass ein solches Gespräch ansteht, mit dem Gefühl ins Gespräch starten können, im Vornherein bereits etwas für einen gelungenen Verlauf getan zu haben.

Dabei handelt es sich hauptsächlich um Gesprächstypen, von denen wir befürchten, dass besonders viel schiefgehen kann, oder bei denen uns bewusst ist, dass mögliche Fehler im Vergleich sehr negative Konsequenzen zur Folge haben können. Vermasseln wir das Prüfungsgespräch, bestehen wir die Prüfung nicht. Machen wir grobe Patzer im ersten Gespräch mit unserem Date, bleibt es womöglich bei diesem einen Treffen. Und verhauen wir das Bewerbungsgespräch, werden wir höchstwahrscheinlich gar nicht erst eingestellt. Deswegen ist es verständlich und in einem gewissen Grad auch berechtigt, vor solchen Gesprächen Respekt zu haben.

Den Respekt möchte ich Ihnen auch nicht nehmen. Aber ich möchte Ihnen Hinweise an die Hand geben, damit Sie trotz Aufregung die Gewissheit haben, vorbereitet zu sein und die gröbsten Fehler demnach vermeiden zu können. Sie sollen sich sicher fühlen, ganz gleich, mit wem oder warum Sie sich unterhalten!

3.1 DAS OUTING

Obwohl man meinen sollte, dass es in einer aufgeklärten Gesellschaft des 21. Jahrhunderts keine große Sache mehr sein sollte, seine von der Heteronormativität abweichende Sexualität oder sein soziales Geschlecht preiszugeben, stellt der Schritt des Outings (auch als Coming-out bezeichnet) für viele eine große Herausforderung dar.

Die Angst vor Unverständnis, Ablehnung oder sogar davor, von den Personen, denen man sich anvertraut, verstoßen zu werden, ist groß und teilweise leider immer noch berechtigt. Sogar, wenn man weiß, dass die Eltern oder Freunde beispielsweise grundsätzlich nichts gegen Homosexualität haben, besteht häufig die Sorge, dass es sich anders verhalten könnte, wenn man selbst lesbisch oder schwul ist und dies offenbart. Outings sind daher in der Regel nie einfach und ihr Ausgang selten vorhersehbar, weswegen es hilfreich sein kann, bestimmte Tipps und Hinweise, wie man so ein Gespräch am besten angeht, parat zu haben.

Gerade bei solch sensiblen Themen kann es genau die richtige Entscheidung sein, auf sein Gefühl zu hören und sich dementsprechend zu artikulieren, aber weil diejenigen, die sich outen, in der konkreten Situation eben oft von Angst und Nervosität betroffen sind, ist das gar nicht so leicht. Daher gebe ich Ihnen nun einige Ratschläge zur Gesprächsführung während eines Outings – sowohl aus der Perspektive der sich outenden Person als auch aus der Perspektive der Person, der sich offenbart wird.

3.1.1 Sie sind die sich outende Person

In den meisten Fällen merken Jungen und Mädchen bereits im Teenager-Alter, zu welchem Geschlecht sie sich hingezogen fühlen. Handelt es sich dabei um das, dem man selbst angehört, kommt es häufig zu einer Schockphase, die bei manchen länger, bei manchen kürzer anhält. Schließlich muss man erst einmal verarbeiten, zu welcher Erkenntnis man gekommen ist und was das für die eigene Zukunft bedeuten kann. Außerdem setzt man die Sexualität in den Kontext seines (familiären, freundschaftlichen, schulischen etc.) Umfelds. Wie werden Freunde, Eltern oder Mitschüler darauf reagieren, wenn sie es erfahren? Die Angst davor, nicht akzeptiert oder sogar angefeindet zu werden, führt oftmals dazu, dass man seine Sexualität nicht nur vor anderen, sondern auch vor sich selbst leugnet.

Deswegen ist der erste Schritt, der noch weit vor einem Coming-out-Gespräch mit anderen stattfindet, das innere Coming-out. Damit ist der Moment gemeint, in dem man seine Sexualität akzeptiert und beschließt, mit ihr zu leben, anstatt sein Leben lang eine falsche Identität zu wahren. Es ist daher enorm wichtig, dass Sie sich zunächst Zeit nehmen, mit sich selbst ins Reine zu kommen. Bei manchen dauert es Jahre, bis Sie so weit sind, den nächsten Schritt zu gehen und sich auch vor anderen zu outen. Bei anderen geht es verhältnismäßig schnell. Wichtig ist, dass Sie sich selbst keinen Druck machen, sich Zeit lassen und sich darüber bewusst werden, dass sich an Ihren Qualitäten als Mensch nichts ändert, nur, weil Sie homosexuell o. Ä. sind.

Versuchen Sie nicht, es sich auszureden oder als Phase abzustempeln, denn das endet oft in einem jahrelangen Kampf gegen sich selbst, der einen unglücklich und oft auch krank macht. Es ist völlig in Ordnung, sich beim Prozess der Selbstfindung Zeit zu nehmen, doch betrachten Sie diesen nicht als Abschnitt, in dem Sie einen Krieg gegen sich selbst führen, sondern als Phase, in der Sie sich bewusst werden, was das für Sie bedeutet und welche positiven Konsequenzen Sie beispielsweise erwarten, wenn Sie mit sich selbst irgendwann im Reinen sind.

Ist dieser Schritt abgeschlossen, stellt sich die Frage, wem Sie sich als Erstes anvertrauen. Egal, ob jung oder alt, diese Wahl fällt den meisten sehr schwer, da man oft nicht abschätzen kann, wie das Gegenüber auf diese Information reagiert. Ein guter Rat ist daher, zunächst außerhalb des gewöhnlichen Umfelds nach Gleichgesinnten zu suchen, um sich mit ihren Erfahrungen vertraut zu machen und mögliche Lösungsansätze für eintretende Ängste zu finden. Dafür bieten sich entsprechende LGBTQI-Foren, Bücher, Filme und Serien an. Sehen Sie sich an, wie andere ihr Outing angehen, vielleicht stoßen Sie dabei auf jemanden, mit dem Sie sich identifizieren und an dem Sie sich entsprechend orientieren können.

Darüber hinaus gibt es fast überall Beratungsstellen, Selbsthilfegruppen und LGBTQI-Stammtische, wo Sie, meist auf Wunsch auch anonym, über Ihre Sorgen sprechen können und unterstützt werden. Spüren Sie dann, dass Sie auch für das Coming-out vor Personen aus Ihrem Umfeld bereit sind, wenden Sie sich am besten zuerst an enge Freunde. Erhalten Sie von diesen positive, stärkende Rückmeldungen, ermutigt das oft, das Gespräch auch mit den Eltern zu suchen. Allgemein gilt: Sprechen Sie als Erstes mit den Personen, bei denen Sie am ehesten denken, dass Ihre Nachricht gut aufgenommen wird, und von denen Sie möglicherweise sogar Hilfe angeboten bekommen. Als Letztes sprechen Sie mit denen, bei denen Sie befürchten, dass die Reaktionen durchwachsen bis negativ ausfallen könnten.

Starten Sie mit einem möglichen Erfolgserlebnis, damit Sie, falls Sie danach schlechte Erfahrungen beim Coming-out machen, wissen, dass es Menschen gibt, die hinter Ihnen stehen und für Sie da sind!

Aber wie genau sagt man denn nun, dass man z. B. homosexuell ist? Auch wenn man sich selbst mittlerweile so akzeptiert hat, wie man ist, fällt es vielen dennoch schwer, die Wahrheit auch vor anderen auszusprechen. Wer sich nicht traut, es seinen Eltern, Freunden oder wem auch immer direkt zu sagen, kann auf verschiedene Alternativen zurückgreifen: Auf einen Brief, in dem man sich offenbart, oder auf subtilere Hinweise, wie z. B., eine scheinbar versehentlich liegen gelassene Zeitung für Homosexuelle auf dem Küchentisch oder eine offengelassene Internetseite einer Beratungsstelle für Schwule und Lesben. Fühlen Sie sich bereit dafür, Ihre Sexualität offen auszusprechen, ist es ratsam, dabei vor allem auf Ihre Gefühle einzugehen und viele “Ich”-Botschaften auszusprechen. Unterstellen Sie Ihrem Gesprächspartner nichts (z. B. eine negative Reaktion), versuchen Sie also, ohne Vorurteile an das Gespräch heranzugehen, und erzählen Sie zunächst, wenn Sie nicht direkt zur Sache kommen wollen, wie Sie selbst erlebt oder bemerkt haben, dass Sie so sind, wie Sie sind. Lassen Sie sich Zeit, wenn Ihnen danach ist! Haben Sie allerdings das Gefühl, Sie müssen sich sofort offenbaren, damit die Information ausgesprochen ist, dann tun Sie das! In dieser Situation geht es um Sie, weswegen es wichtig ist, dass Sie auf sich und Ihr Bauchgefühl hören. Es ist in Ordnung, wenn Ihr Coming-out rhetorisch nicht perfekt ist, wenn Sie Pausen brauchen, etwas zu schnell sprechen oder Sie nicht permanent an Ihr Lächeln denken, denn darum geht es nicht. Wichtig ist, dass Sie sich überwinden, was unheimlich viel Mut kosten kann.

In einem Coming-out-Gespräch geht es nicht darum, sich möglichst gut zu verkaufen, weswegen ich Ihnen an dieser Stelle keine Tipps geben kann, die auf eine überzeugende Selbstpräsentation und eine gelungene Gesprächsführung abzielen. Ich möchte Ihnen vermitteln, dass es in diesem Gespräch vielleicht mehr als in allen anderen oberste Priorität hat, auf sein Gefühl zu hören und authentisch zu sein. Natürlich können Sie sich auf diese Gesprächsart vorbereiten, wenn Ihnen das hilft, und sich bestimmte Sätze zurechtlegen, das müssen Sie aber nicht. Einigen hilft es, frei von der Leber weg spontan die richtigen Worte zu finden, anderen gibt es Sicherheit, die Situation vorher zu üben. So oder so – hören Sie auf sich selbst! Liegt die Wahrheit erst einmal auf dem Tisch, haben Sie einen riesigen, schweren Schritt gemeistert.

Dann sind Ihre Eltern, Geschwister oder Freunde am Zug. Lassen Sie auch Ihnen Zeit, die Information zu verdauen. Genauso, wie Sie Zeit gebraucht haben, sich selbst zu akzeptieren, brauchen diejenigen, vor denen Sie sich outen, oft ebenfalls Zeit, um das Gesagte zu verarbeiten. Dabei kann es sich um Minuten, aber auch um einige Tage handeln. Signalisieren Sie, dass das für Sie in Ordnung und verständlich ist, auch wenn es Ihnen schwerfällt, da Sie am liebsten natürlich sofort eine eindeutige Reaktion erhalten würden. Manchmal reagieren Personen im ersten Moment abwehrend oder negativ, denken dann aber noch einmal in Ruhe über die neuen Informationen nach und stellen dann fest, dass diese erste Reaktion unbegründet war und daher rührte, dass sie sich beispielsweise überrumpelt gefühlt haben.

Natürlich ist es leider nicht immer so und eine erste negative Reaktion bleibt auch auf längere Sicht eine negative Haltung gegenüber Ihrer Sexualität. Das Gespräch deswegen nicht zu suchen, ist dennoch keine Lösung, denn damit stehen häufig ein ewiges Versteckspiel und eine Verleumdung der Identität in Verbindung. Einen einzigen, richtigen Weg, wie man ein Coming-out-Gespräch vonseiten der sich outenden Person führt, gibt es nicht, aber es gibt einige Hinweise, an denen Sie sich orientieren können und die ich Ihnen nun noch einmal zusammenfasse:

Sprechen Sie es an, wenn Sie bereit dafür sind!
Reden Sie über Ihre Gefühle und nutzen Sie viele "Ich"-Botschaften!
Unterstellen Sie Ihrem Gesprächspartner keine negative Reaktion!
Seien Sie authentisch!

3.1.2 Sie sind die Person, vor der sich jemand outet

Bedeutend weniger kann man sich darauf vorbereiten, der Gesprächspartner zu sein, vor dem sich geoutet wird. Kennt man die sich outende Person gut, ahnt man manchmal etwas, weswegen man vielleicht weniger überrascht ist, wenn sie sich vor einem öffnet, aber das ist nicht immer so. In der Regel gehen Sie in ein solches Gespräch also ohne Erwartungen und ohne das Wissen über einen eventuellen Gesprächsverlauf hinein. Die Informationen, die Ihnen mitgeteilt werden, müssen Sie im Gespräch aufnehmen und verarbeiten, und Sie müssen entsprechend darauf reagieren. Wie bereits angesprochen, ist es auch für diejenigen, die erfahren, dass Ihr Gesprächspartner beispielsweise homosexuell ist, nicht immer leicht, spontan und angemessen auf die Situation zu reagieren. Oft braucht es etwas Zeit, um die Information zu verarbeiten. Wie Sie es dennoch schaffen, das Gespräch gut zu führen und zu Ende zu bringen, verrate ich Ihnen nun mithilfe einiger Hinweise.

Hören Sie zu! Ihrem Gesprächspartner fällt es vermutlich unheimlich schwer, das, was er sagen will, in die richtigen Worte zu kleiden und sich dann auch noch zu trauen, diese vor Ihnen laut auszusprechen. Vermitteln Sie ihm also das Gefühl, dass Sie ihm aufmerksam zuhören, indem Sie immer wieder Blickkontakt aufnehmen, nicken oder kurze sprachliche Bestätigungen äußern ("Okay", "Ja", "Achso").

Unterbrechen Sie Ihren Gesprächspartner nicht! Auch wenn Ihnen das, was Ihnen da gerade erzählt wird, möglicherweise nicht gefällt oder wenn Sie verwirrt sind, weil Sie damit nicht gerechnet haben, sollten Sie Ihren Gesprächspartner unbedingt aussprechen lassen. Ansonsten signalisieren Sie ihm, dass er nicht ernst genommen wird, und Sie kreieren eine negative bis aggressive Atmosphäre. Es ist völlig verständlich, dass Sie eventuell Fragen haben. Stellen Sie diese am besten, wenn Ihr Gesprächspartner Ihnen signalisiert, dass er mit seinem Redebeitrag fertig ist, und nicht zwischendurch, wenn er noch spricht.

Reagieren Sie, indem Sie auf Ihre Gefühle eingehen! Sagen Sie, wie Sie sich mit dieser Information fühlen. Äußern Sie, wenn Sie überrascht oder verwirrt oder sogar überfordert sind. Sagen Sie auch, wenn Sie etwas Zeit brauchen, um über das Gesagte nachzudenken!

Machen Sie keine Schuldzuweisungen! Diese helfen weder Ihnen noch Ihrem Gesprächspartner. Suchen Sie nicht nach Erklärungen oder Strategien, wie dieser Umstand rückgängig zu machen ist. Denn das ist er nicht. Mit solchen Äußerungen verletzen Sie die sich outende Person nur unnötigerweise.

Lassen Sie sich nicht von Ihren Emotionen steuern! Es ist wichtig, dass Sie Ihre Emotionen und Gedanken mitteilen, aber tun Sie nichts Unüberlegtes, weil Sie wütend oder enttäuscht sind, was Sie im Nachhinein bereuen könnten. Denken Sie daran, dass das Coming-out für Ihren Gesprächspartner ein großer Vertrauensbeweis ist und dass es ihm scheinbar sehr daran gelegen ist, dass Sie ihn weiterhin schätzen. Denn schließlich ändert sich auch nichts an Ihrer Beziehung. Ihr bester Freund bleibt Ihr bester Freund, Ihre Tochter bleibt Ihre Tochter, der Mensch bleibt derselbe. Machen Sie sich das bewusst und handeln Sie dementsprechend. Und wenn Sie das in der konkreten Gesprächssituation nicht können, sagen Sie das. Sie können sich für die Ehrlichkeit und das Vertrauen Ihres Gesprächspartners bedanken und darum bitten, ein wenig über diese ungewohnte Situation nachdenken zu können. Wenn Sie Ihre Gedanken und Gefühle geordnet haben, steht einem möglichen weiteren Gespräch nichts im Wege!

3.2 DER SMALLTALK

Die Kunst des mühelosen Plauderns ohne einen bestimmten Anlass und oft mit Personen, die wir nur flüchtig oder gar nicht kennen (z. B. ein Arbeitskollege), bedeutet für viele, sich im Vornherein den Kopf zu zerbrechen. Wie beginne ich das Gespräch am besten? Worüber können wir sprechen? Wie vermeide ich peinliche Stille? Oft hat man das Gefühl, sich selbst präsentieren zu müssen, und das auf möglichst überzeugende, interessante Art und Weise. Dabei soll Smalltalk genau diesen Druckaufbau vermeiden und stattdessen locker und entspannt ablaufen. Es geht darum, ein unbefangenes, spaßiges Gespräch mit jemandem zu führen. Aber warum das Ganze eigentlich? Wieso sollten Sie mit jemandem, den Sie überhaupt nicht kennen, ein oberflächliches, sinnloses, möglicherweise angespanntes Gespräch führen? Weil auf diesem Weg fast jede Freundschaft ihren Ursprung gefunden hat. Erinnern Sie sich an Ihr erstes Gespräch mit Ihrem jetzigen besten Freund. Sind Sie da auch von Anfang an in die Tiefe gegangen? Möglich, aber eher unwahrscheinlich. Stattdessen haben Sie vermutlich klein angefangen, sich erst einmal vorsichtig beschnuppert und über Nebensächlichkeiten gesprochen, bevor tiefere Gespräche entstanden sind. Schließlich waren Sie sich irgendwann auch einmal fremd, sofern nicht seit Sandkastenzeiten unzertrennlich sind. Es lohnt sich also durchaus, den Smalltalk nicht als sinnlose, unangenehme Zeitverschwendung abzutun, sondern dem Gespräch und damit auch Ihrem Gesprächspartner und sich eine Chance zu geben, aneinander möglicherweise Interesse zu wecken. Smalltalk hilft uns, erste Kontakte zu knüpfen, ohne uns unserem Gegenüber sofort vollständig offenbaren zu müssen. Stück für Stück bauen wir Vertrauen auf, bis wir bereit sind, tiefergehende Gespräche zu führen. Aber damit beginnt man für gewöhnlich eben nicht bei der ersten Unterhaltung.

Letztlich ist der Smalltalk also ein Gespräch wie viele andere auch, in denen wir uns mit unbekannten Personen unterhalten. Was das konkret für Sie bedeutet und welche Tipps hilfreich sein können, um einen guten Smalltalk zu führen, aus dem sich bei Bedarf auch mehr entwickeln kann, verrate ich Ihnen nun. Da Ihnen vieles davon bekannt vorkommen wird, gehe ich auf Dinge, die ich im allgemeinen Teil bereits erwähnt habe, nicht ausführlich ein, sondern erwähne Sie nur. Genauere Informationen können Sie an der entsprechenden Stelle noch einmal nachlesen.

Denken Sie nicht zu viel (über sich selbst) nach!

Wenn wir angespannt sind, zerbrechen wir uns oft den Kopf darüber, wie wir uns am besten verhalten sollen, und wir sind gedanklich nicht bei der Sache. Unser Gesprächspartner kann das als Desinteresse oder sogar Arroganz interpretieren. Bleiben Sie dementsprechend beim Gespräch, hören Sie zu und reagieren Sie spontan auf das Gesagte!

Haben Sie keine zu hohen Ansprüche!

Smalltalk bleibt Smalltalk. In den wenigsten Fällen entwickelt sich bereits im Anlauf ein tiefschürfendes Gespräch, das ist auch völlig in Ordnung so. Schließlich kennen Sie sich ja noch gar nicht. Nicht zu große Ansprüche zu haben, bezieht sich übrigens nicht nur auf die Themenwahl und Ihr Gegenüber, sondern auch auf Ihre Ansprüche an sich selbst! Erwarten Sie nicht zu viel von sich, Sie sind keine perfekte Maschine und dürfen Fehler machen, sich auch einmal verhaspeln oder den Faden verlieren. Das ist menschlich.

Wer sich stattdessen zu viel Druck macht, indem er absolut vollkommene Gesprächsbeiträge von sich selbst erwartet, hemmt sich damit und macht sich selbst verrückt. Sie müssen nicht so und so gut abschneiden, denn auch der Smalltalk ist ein Gespräch und kein Wettkampf, in dem es darum geht, dass einer der beiden Gesprächspartner gewinnt. Versuchen Sie, daran zu denken, dass es darum geht, Neues über eine fremde Person zu erfahren und diese evtl. besser kennenzulernen. Der Austausch ist wichtig, nicht die Frage, wer den lustigsten, unterhaltsamsten oder klügsten Beitrag geleistet hat. Legen Sie sich also auch nicht alles zurecht, was Sie sagen wollen, bevor Sie es sagen, sondern sprechen Sie spontan aus, was Ihnen im Kontext des Gesprächs in den Sinn kommt, ohne die Qualität vorher zu bewerten. Genauso wenig sollten Sie sich anmaßen, Ihr Gegenüber in Kategorien zu bewerten.

Achten Sie auf ein ausgewogenes Reden-Zuhören-Verhältnis!

Zu viel zu sprechen, ist übrigens genauso wenig förderlich, wie gar keinen Ton von sich zu geben. Sie wollen sich ja unterhalten und eben keine Selbstpräsentation oder das genaue Gegenteil aufs Parkett legen. Erzählt Ihr Gegenüber zwischendurch eine etwas längere Geschichte, können Sie daraufhin auch ausführlicher werden, damit nicht der Eindruck entsteht, Sie würden sich überhaupt nicht öffnen, während Ihr Gesprächspartner genau das tut. Orientieren Sie sich also an Ihrem Gegenüber, das macht es in der Praxis einfacher für Sie!

Trauen Sie sich, neue Gesprächsthemen zu eröffnen!

Das wohl Schwerste am Smalltalk ist, ein passendes Thema zu finden, worüber man sich unterhalten kann. Gibt es zu einem Thema nichts mehr zu sagen, entsteht oft unangenehme Stille. Vermeiden Sie das, indem Sie irgendein Thema oder etwas, das Ihnen beispielsweise an Ihrem Gesprächspartner auffällt, in den Raum werfen. Nicht alles muss dabei sofort einen Sinn ergeben oder einen Bogen zwischen den einzelnen

Themen spannen. Orientieren Sie sich an Ihrem Gegenüber ("Deine Tasche gefällt mir. Wo hast du die nur her?") oder erzählen Sie z. B. etwas, was Ihnen in den letzten Tagen passiert ist oder was Sie für den Abend noch geplant haben. Sie können auch bereits angesprochene Themenbereiche neu aufgreifen ("Vorhin sagtest du, dass du früher Geigenunterricht genommen hast. Wie bist du dazu gekommen?"). Setzen Sie sich auch diesbezüglich nicht zu sehr unter Druck, ein besonders kreatives neues Thema anzusprechen. Ihr Gesprächspartner wird vermutlich genauso erleichtert sein wie Sie, wenn Sie irgendetwas finden, wozu Sie beide etwas zu sagen haben, damit der Gesprächsstoff nicht ausgeht.

Seien Sie nicht emotionslos!

Sicher, Sie kennen Ihren Gesprächspartner kaum und wollen sich nicht gleich emotional vor ihm entblößen, aber völlige Emotionslosigkeit ist auch im Smalltalk fehl am Platz. Was meinen Sie, wie das bei Ihrem Gegenüber ankommt, wenn Sie wie ein distanzierter Roboter erscheinen? Ein Gespräch wird erst dann authentisch und spannend, wenn Sie Ihre Emotionen einsetzen. Achten Sie dabei auch auf Ihr Gesicht und Ihre Körperhaltung, vermeiden Sie einsilbige und tonlose Antworten, zeigen Sie authentisch, wenn Sie etwas bewegt, und reagieren Sie verbal und nonverbal auf die Beiträge Ihres Gesprächspartners ("Wirklich?", "Wie cool!", "Interessant!").

Erzählen Sie nicht nur von sich selbst!

Smalltalk ist ein Geben und Nehmen. Erinnern Sie sich daran, wie Sie an Ihrer Ausstrahlung arbeiten können? Zum Beispiel, indem Sie Interesse an Ihren Mitmenschen zeigen. Das beflügelt selbstverständlich auch den Smalltalk.

Seien Sie nicht zu negativ!

Nörgelei und ständiges Jammern will keiner hören. Selbstverständlich müssen Sie sich nicht verstellen, wenn Sie gefragt werden, wie es Ihnen geht, aber versuchen Sie, das Gespräch positiv anzugehen!

Wie Sie am besten ein Gespräch aufbauen können, haben wir bereits besprochen. Beim Smalltalk gilt nichts anderes als in jedem anderen Gespräch auch. Trauen Sie sich, passen Sie sich der Situation an, denken Sie nicht zu viel nach und seien Sie nicht zu unpersönlich! Hier noch einmal einige Vorschläge, mit welchen Sätzen Sie einsteigen können, falls Ihnen partout nichts einfällt:

“Hi, ich bin Sophie. Wie findest du die Party/das Event/den Vortrag?”
“Zu wem gehörst du? /Woher kennst du die Leute hier?” (beispielsweise auf einer WG-Party)
“Kommst du von hier?”
“Arbeitest oder studierst du?”
“Was machst du neben dem Job/dem Studium?”

Trauen Sie sich, das Gespräch in die Hand zu nehmen. Schüchternheit ist während des Smalltalks eher hinderlich. Achten Sie auf eine offene, positive Körpersprache und reagieren Sie auf Ihr Umfeld und Ihren Gesprächspartner. Mögliche Themen, über die Sie immer sprechen können, sind:

- **Hobbys**
- **das Wetter**
- **Sport**
- **Bücher/Filme**
- **Reisen**
- **den Arbeits-/Studientag**

- **Musik**
- **Essen**
- **aktuelle Themen (Dinge, die gerade so in der Politik, in der Stadt oder in der Uni passieren und von denen vermutlich jeder etwas mitbekommt).**

Was Sie beim Smalltalk lieber vermeiden sollten, sind Themen wie:

- **Krankheiten/Schicksalsschläge**
- **Beziehungskrisen und -probleme**
- **stark polarisierende Themen der Politik**
- **andere Menschen in negativer Art und Weise (Lästerei und Gerüchte)**
- **Geld**

Stellen Sie außerdem möglichst offene Fragen, damit das Gespräch nach einem "Ja" oder "Nein" nicht ins Stocken gerät. Stellen Sie Anschlussfragen, nachdem Sie etwas beantwortet haben. Denken Sie nicht zu viel darüber nach, ob Ihr Gesprächsbeitrag schlau oder gut genug ist, denn darauf kommt es nicht an!

Läuft der Smalltalk gut oder auch nicht so gut, stellt sich irgendwann die Frage, wie man ihn am besten beendet, um entweder in ein emotionaleres, tiefgreifenderes Gespräch überzugehen (dafür müssen Sie sich bereit fühlen) oder die Konversation vollständig abzubrechen. Für die erste Option (tiefergehendes Gespräch einläuten) gibt es mehrere mögliche Fragen, die Sie aufwerfen können:

- **Was ist dir im Leben am wichtigsten?**
- **Welche Persönlichkeit würdest du gerne mal kennenlernen und warum?**
- **Wovor hast du Angst?**

Aber auch für die zweite Option, wenn Sie also merken, dass Sie das Gespräch lieber komplett beenden wollen, gibt es verschiedene Möglichkeiten:

Entschuldigen Sie sich.

Sagen Sie zum Beispiel, dass Sie sich nun etwas zu trinken oder zu essen holen wollen, auf die Toilette oder an die frische Luft müssen oder nach Ihren Freunden schauen wollen.

Stellen Sie einen neuen Gesprächspartner vor.

Achten Sie dabei darauf, dass Sie nicht willkürlich irgendwen in das Gespräch zerren, nur, um der Situation zu entkommen. Das ist den anderen gegenüber nicht fair. Wählen Sie also jemanden aus, von dem Sie sich zumindest vorstellen können, dass er sich mit Ihrem Smalltalk-Partner verstehen könnte.

Flüchten Sie.

Lässt Ihr Gesprächspartner einfach nicht von Ihnen ab und ignoriert jegliche Signale, ist es auch in Ordnung, aus dem Gespräch zu flüchten. Tun Sie zum Beispiel so, als würde Ihnen etwas Wichtiges einfallen, dass Sie noch erledigen müssen, oder als würde Ihr Telefon klingeln. Nicht die feine englische Art, aber manchmal notwendig, wenn man das Gefühl hat, dem Gespräch anders nicht mehr zu entkommen.

Und zu guter Letzt ein Hinweis, der auf so gut wie jede Gesprächsart zutrifft: Üben, üben, üben Sie! Umso öfter Sie sich an Gespräche heranwagen und in Kontakt mit fremden Personen treten, desto leichter wird es Ihnen fallen. So wertvoll und effektiv die Tipps, die ich Ihnen gegeben habe, auch sind – sie verlangen nach praktischer Anwendung, damit auch die größte Angst vor inhaltslosem, verkrampftem Smalltalk künftig der Vergangenheit angehört!

3.3 DAS BEWERBUNGSGESPRÄCH

Für einige vielleicht der Hauptgrund, diesen Ratgeber überhaupt zu lesen, ist der folgende Teil, in dem wir uns mit einer der meistgefürchteten Gesprächsarten überhaupt befassen: mit dem Bewerbungsgespräch. Ganz gleich, ob man gerade seine akademische Ausbildung oder die Schule beendet hat oder bereits seit Jahren im Berufsalltag steckt und sich aus irgendwelchen Gründen neu orientiert – Bewerbungsgespräche sind für so gut wie jeden mit Anspannung, Angst vor Fehlern und großer Aufregung verbunden. Wie Sie am besten mit Ihrer Nervosität umgehen und das Bewerbungsgespräch so erfolgreich wie möglich beenden, gehen wir nun gemeinsam Schritt für Schritt durch.

1. Schritt: Bereiten Sie sich gut vor!

Wer unvorbereitet ins Bewerbungsgespräch geht, hat schon verloren. Und mit Vorbereitung ist weitaus mehr gemeint, als eine Bewerbungsmappe zu erstellen und sich angemessene Kleidung zu besorgen (wobei auch diese Dinge sehr wichtig sind). Je nachdem, auf welche Stelle Sie sich bewerben, werden unterschiedliche Ansprüche, Fähigkeiten und Wissensstände erwartet. Meistens stehen diese bereits in Kurzform in der Stellenausschreibung. Lesen Sie diese also sorgfältig, um zu überprüfen, ob Sie für den Job überhaupt infrage kommen. Weitere Infos zu einzelnen Branchen und Berufsfeldern lassen sich im Internet nachlesen. Wir werden an dieser Stelle so allgemein wie möglich bleiben und klären, was Sie in jedem Fall vorbereitend tun sollten, wenn ein Bewerbungsgespräch ansteht.

Kennen Sie Ihr Unternehmen! Im Gespräch wird es zu einem großen Teil um Sie, Ihre Erfahrungen, Erwartungen und Kompetenzen gehen. In den meisten Fällen wird Ihr potenzieller Arbeitgeber aber auch Fragen zum Betrieb stellen, die sich in den meisten Fällen ganz einfach im Internet auf der Unternehmenswebseite recherchieren lassen. Sie müssen nicht die komplette Geschichte der Firma kennen, aber in seinen

Grundzügen sollten Sie sie skizzieren können. Stellen Sie sich vor dem Gespräch Fragen, die Sie sich selbst beantworten, wie z. B. „Welche Produkte werden hergestellt/verkauft?“, „Was ist die Firmenphilosophie?“, „Wie viele Mitarbeiter gibt es?“. Bringen Sie diese Informationen ins Gespräch ein, wenn es sich ergibt, oder beantworten Sie entsprechende Fragen. Damit beweisen Sie Ihrem möglichen Arbeitgeber, dass Sie sich mit dem Unternehmen intensiv auseinandergesetzt haben.

Üben Sie Ihre Selbstpräsentation! Ist es bei vielen anderen Gesprächen die bessere Wahl, spontan und unvorbereitet zu starten, so ist beim Bewerbungsgespräch genau das Gegenteil der Fall. Dies betrifft nicht nur Ihre Kenntnisse über das Unternehmen und die angebotene Stelle, sondern auch den Teil, in dem Sie kurz etwas über sich selbst erzählen sollen. Für die Selbstpräsentation werden in einem 45-minütigen Bewerbungsgespräch in der Regel ungefähr zwei bis fünf Minuten, inklusive Rückfragen ca. zehn Minuten, einkalkuliert. Sind Sie nicht vorbereitet, kann diese Zeit unendlich lang wirken, weswegen es sich sehr empfiehlt, diesen Teil vorher einige Male zu üben. An dieser Stelle sollen Sie nicht Ihren Lebenslauf eins zu eins abspulen, den hat Ihr Arbeitgeber schließlich vor sich liegen. Es geht darum, sich gut zu verkaufen und Ihre Stärken herauszustellen. Nennen Sie Gründe, weswegen gerade Sie die richtige Person für die Stelle sind! Seien Sie selbstbewusst, aber nicht arrogant! Vermitteln Sie ein Bild von sich selbst, damit Ihr Arbeitgeber weiß, mit wem er es zu tun hat. Mögliche Punkte, die sich in der Selbstpräsentation wiederfinden können, sind:

- **Ihr Name,**
- **Ihre Herkunft,**
- **Ihr Alter,**
- **Die Hochschule, an der Sie studiert haben,**
- **Ihre Studienfächer (und der Grund für diese Entscheidung),**
- **Ihre Erfahrungen im Ausland,**

- **Ihre Praxiserfahrungen und**
- **Gründe, weshalb Sie sich für dieses Unternehmen entschieden haben.**

Binden Sie diese Informationen in einen kleinen Vortrag, den Sie vorher einüben, ein, damit Sie ihn jederzeit abrufen können. Kreativität und Humor sind in einigen Branchen ebenfalls gerne gesehen, wenn Sie sich selbst vorstellen, um im Gedächtnis zu bleiben. Versuchen Sie, die einzelnen Punkte der Präsentation mithilfe eines roten Fadens zu verbinden, damit Sie sich besser daran erinnern können und Ihr Vortrag stimmig ist.

Wie so oft macht auch im Bewerbungsgespräch Übung den Meister – und das nicht nur beim Einstudieren der Selbstpräsentation. Es mag kindisch klingen, aber üben Sie das Bewerbungsgespräch vorher beispielsweise mit einem Freund oder einem Verwandten mithilfe eines fiktiven Rollenspiels, in dem Sie sich typische Fragen stellen lassen. Anschließend werten Sie das Gespräch gemeinsam aus und wissen, woran Sie noch arbeiten müssen oder was bereits gut klappt. Typische Fragen sind z. B., worin Sie Ihre Schwächen und Stärken sehen oder wie Ihre Freunde Sie in einem Satz beschreiben würden. Werden Sie nach Ihren Schwächen gefragt, sollten Sie unbedingt nach etwas suchen, das eigentlich keine Schwäche ist.

Beispiel: “Ich bin sehr perfektionistisch” oder “Manchmal hänge ich mich zu sehr in die Arbeit rein”.

Von solchen Antworten ist dringend abzuraten: “Ich bin kein sehr pünktlicher Mensch” oder “Ich kann nicht so gut im Team arbeiten”.

Sie sollen natürlich nicht lügen, aber letztlich geht es darum, sich von einer guten Seite zu präsentieren, weswegen es in Ordnung ist, nicht alle Karten sofort auf den Tisch zu legen.

2. Schritt: Klären Sie das Organisatorische rechtzeitig ab!

Sobald Sie die Einladung zum Bewerbungsgespräch haben, sollten Sie sich, um kurz davor Stress zu vermeiden, um organisatorische Dinge kümmern.

Wie kommen Sie zum Bewerbungsgespräch? Kümmern Sie sich frühzeitig um die Anreise. Fahren Sie mit dem Zug, mit dem Auto oder müssen Sie sogar fliegen? Klären Sie auch, ob es vor Ort Parkmöglichkeiten gibt oder wie weit die Haltestelle der öffentlichen Verkehrsmittel tatsächlich vom Unternehmen entfernt ist. Planen Sie immer genügend zeitliche Puffer ein! Schließlich kann es jederzeit zu Staus, Zugausfällen oder -verspätungen kommen. Wer zu spät zum Bewerbungsgespräch kommt, hat schon verloren!

Wo können Sie ggf. übernachten? Ist die Anfahrt zum Bewerbungsgespräch länger, müssen Sie sich möglicherweise eine Übernachtungsmöglichkeit sichern. Fragen Sie im Freundes- und Verwandtenkreis nach oder buchen Sie frühzeitig ein geeignetes Hotel.

3. Schritt: Besorgen Sie sich das passende Outfit!

Informieren Sie sich vorher, welche Kleidung in dem Unternehmen, in dem Sie sich bewerben, angemessen ist. Der Spruch, dass man sich für den Job kleiden sollte, den man will, und nicht für den, den man hat, hat nichts an Aktualität eingebüßt. Als Frau machen Sie mit Blazer, Bluse oder Kleid, Anzughose oder Rock, Ballerinas oder Pumps und mit dezentem Schmuck nichts falsch. Männer fahren mit Jackett, Hemd, Anzughosen, Lederschuhen und Uhr in der Regel gut. Die Kleidung sollte sauber und gebügelt, die Schuhe ggf. geputzt sein. Achten Sie auch auf eine ordentliche Frisur sowie auf saubere Fingernägel und benutzen Sie nicht zu viel Parfum und Make-Up und zeigen Sie nicht zu viel Haut! Übrigens: Auch die angemessenste Kleidung ändert nichts am negativen Eindruck, wenn Sie wie ein Schluck Wasser in der Kurve vor Ihrem zukünftigen Arbeitgeber sitzen. Achten Sie also auch auf Ihre Körperhaltung!

4. Schritt: Seien Sie höflich!

Egal, ob bei der Sekretärin oder Assistentin des Chefs oder im Gespräch mit der Personalleiterin: Bleiben Sie immer höflich und freundlich, auch wenn gefühlt keiner Zeit für Sie hat oder die Empfangsdame pampig wird. Achten Sie auf Ihre Körpersprache sowie auf ein angenehmes Lächeln und bedanken Sie sich am Ende des Gesprächs dafür, dass man sich für Sie Zeit genommen hat, reichen Sie jedem die Hand und verabschieden Sie sich namentlich, sofern das möglich ist. Gute Umgangsformen sind das A und O im Bewerbungsgespräch und werden stillschweigend vorausgesetzt.

5. Schritt: Nehmen Sie Getränke an!

Wenn man nervös ist, bekommt man häufig einen trockenen Mund. Da kann ein (stilles!) Glas Wasser oft die Rettung sein. Außerdem können Sie Zeit schinden, wenn Ihnen eine Frage gestellt wird, die Sie nicht auf Anhieb beantworten können, indem Sie etwas trinken und währenddessen darüber nachdenken. Ein Getränk anzunehmen, ist also in jeder Hinsicht empfehlenswert.

6. Schritt: Sprechen Sie deutlich!

Erinnern Sie sich noch an unsere Ausführungen hinsichtlich des richtigen Sprechtempos? Sobald Sie das Gefühl haben, etwas zu langsam zu sprechen, ist es genau richtig! Lassen Sie sich Zeit, lassen Sie Pausen zu und bleiben Sie ruhig! Das lässt sich im Rollenspiel übrigens auch ganz wunderbar üben - genauso ein authentisches, ehrliches und freundliches Auftreten.

7. Schritt: Machen Sie sich Notizen!

Damit wirken Sie zum einen vorbereitet, strukturiert und interessiert und zum anderen verhindern Sie damit, bestimmte wichtige Informationen zu vergessen. Sie können sich auch Fragen notieren, die Sie an geeigneter

Stelle aufwerfen können. Nehmen Sie sich einen ordentlichen (nicht ausgefransten oder vollgekritzelten) Block oder ein Notizheft und einen funktionierenden Stift mit und nutzen Sie beides!

8. Schritt: Antworten Sie individuell!

Indem Sie sich vorher darüber bewusst werden, welche Fragen typischerweise und oft im Bewerbungsgespräch gestellt werden, können Sie sich individuelle, kreative Antworten zurechtlegen. Wer auf Standardfragen mit Standardantworten reagiert, hat schon fast verloren. Setzen Sie Ihre Antworten lieber in Bezug zu sich, Ihren Qualifikationen oder zum Unternehmen. Damit können Sie übrigens bereits im Bewerbungsschreiben beginnen. Führen Sie bei Ihren Hobbys auf, dass Sie gerne Standard tanzen oder schwimmen, anstatt nur zu schreiben, dass Sie gerne Sport treiben. Wenn Sie gerne Indie-Musik hören, schreiben Sie auch das in dieser spezifischen Formulierung auf. Sorgen Sie dafür, im Gedächtnis zu bleiben und kein 0-8-15-Bewerber von vielen zu sein!

9. Schritt: Überlegen Sie sich eigene Fragen!

Legen Sie sich nicht nur Antworten auf mögliche Fragen zurecht, stellen Sie auch selbst kluge und interessante Fragen zum Unternehmen, zur Stelle oder zu anderen Details. Damit signalisieren Sie, dass Sie sich vorbereitet haben, interessiert und selbstbewusst sind. Einige Fragen fallen Ihnen womöglich erst im Laufe des Gesprächs ein – nutzen Sie dann Ihren Notizblock. Und fragen Sie bloß nicht nach dem Gehalt, dem erstmöglichen Urlaubszeitraum oder danach, was das Unternehmen eigentlich macht. Damit vermitteln Sie einen schlechten Eindruck bei Ihrem Arbeitgeber oder der Personalleitung!

Haben Sie diese Tipps im Hinterkopf oder nutzen Sie sie zur Vorbereitung als eine Art Checkliste. Sollte es trotz Übung und intensiver Vorbereitung nicht klappen, die Stelle zu bekommen, geben Sie auf keinen Fall auf! Bewerben Sie sich weiter, üben Sie und bleiben Sie zielstrebig!

3.4 SCHLECHTE NACHRICHTEN ÜBERBRINGEN

Nicht nur Ärzte haben beruflich bedingt oft die undankbare Aufgabe, Ihrem Gesprächspartner schlechte Nachrichten zu überbringen. Stirbt die Großmutter, muss der Hund eingeschläfert werden oder beendet man eine Beziehung, gibt es in den meisten Fällen Personen, die darin involviert sind und dementsprechend davon erfahren müssen, denn eines muss Ihnen bewusst sein: Schweigen ist keine Lösung. Kinder, der Partner, Verwandte oder enge Freunde müssen eingeweiht werden. Umso länger Sie es vor sich herschieben, desto schwieriger wird es für Sie. Die richtigen Worte in solchen Ausnahmesituationen zu finden, ist oft nicht einfach und meistens wird man zudem von seinen Emotionen übermannt. Wie Sie es dennoch schaffen können, schlechte Nachrichten richtig zu übermitteln, erkläre ich Ihnen anhand einiger Ratschläge.

Verarbeiten Sie die Nachricht zunächst selbst!

Nehmen Sie sich zumindest einen Moment Zeit, selbst mit der Information zurechtzukommen. Versuchen Sie, Ihre eigenen Gefühle zu reflektieren und mit diesen klarzukommen, bevor Sie ins Gespräch gehen. Lassen Sie den ersten Schock abflauen! Seien Sie sich dennoch darüber bewusst, dass das Gespräch trotzdem hart wird.

Seien Sie vorbereitet!

Es ist wichtig, dass Sie mögliche Fragen beantworten können. Ihr Gegenüber wird Rückfragen stellen, möglicherweise verwirrt sein und wissen wollen, wie es zu dem jetzigen Zustand gekommen ist.

Reden Sie es nicht schön!

Sagen Sie, wie es ist. Reden Sie nicht lange um den heißen Brei herum und machen Sie Ihrem Gesprächspartner keine Hoffnung, wo keine ist. Wenn Sie keine Zukunft in der Beziehung sehen, dürfen Sie Ihrem

Gegenüber auch nichts anderes vermitteln. Formulieren Sie nichts Schwammiges, weil Sie Mitleid haben oder es nicht übers Herz bringen, die Wahrheit auszusprechen. Das verletzt Ihren Gesprächspartner auf längere Sicht nur noch mehr.

Lassen Sie eigene Emotionen zu!

Es ist in Ordnung, traurig zu sein, und es ist in Ordnung, dies offen zu zeigen. Sie dürfen weinen und Sie dürfen Ihrem Gegenüber deutlich machen, dass die Nachricht Sie genauso stark trifft. Wenn Sie merken, dass Sie von Ihren Emotionen überwältigt werden, kaum noch sprechen können oder den Faden verlieren, atmen Sie tief durch und genehmigen Sie sich eine Pause! Sie sind kein herzloser Steinklotz ohne Gefühle und das dürfen Sie auch zeigen!

Achten Sie auf Ihre Körpersprache!

Mittels Körpersprache ist es in solchen Gesprächen von großer Bedeutung, Empathie zu zeigen. Wenden Sie sich Ihrem Gegenüber offen zu, anstatt sich mit verschränkten Armen zurückzulehnen. Suchen Sie Körperkontakt, wenn dieser angemessen ist. Auch in dem Fall, dass Sie Personalleiter sind und einen Mitarbeiter kündigen müssen, sollten Sie diesem mithilfe Ihrer Haltung zeigen, dass Sie sich in ihn einfühlen können und die Entscheidung ggf. bedauern.

Geben Sie Ihrem Gesprächspartner Zeit!

Den ersten Schock, den auch Sie haben, wird Ihr Gegenüber im Gespräch selbst erleben. Daher sollten Sie ihm Zeit lassen, die Information zu verarbeiten, Emotionen zuzulassen und schlichtweg zu realisieren, was die Nachricht bedeutet. **Hören Sie ihm dann zu**, wenn er etwas sagen möchte, und seien Sie geduldig, wenn er länger als gewöhnlich dafür braucht!

Wählen Sie den richtigen Kontext für das Gespräch!

Öffentliche Orte oder ein Abendessen mit Freunden sind das falsche Umfeld, um beispielsweise jemanden darüber in Kenntnis zu setzen, dass ein Freund oder Verwandter gestorben ist. Suchen Sie sich einen ruhigen Ort, wählen Sie einen geeigneten Zeitraum (nicht kurz vor der Arbeit oder der Schule) und fragen Sie sich auch, ob Sie die richtige Person sind, um die Nachricht zu übermitteln. Sind Sie direkt involviert oder nur ein flüchtiger Bekannter der verstorbenen Person? Bitten Sie ggf. jemand Näherstehendes, das Gespräch zu führen.

Bleiben Sie beim Thema!

Versuchen Sie nicht, die schlechte Nachricht durch eine gute Nachricht zu relativieren. Der Schock der schlechten Nachricht wird überwiegen und Versuche, das zu ändern, könnten schlecht oder mit Unverständnis aufgenommen werden. Stellen Sie sicher, dass es in diesem Gespräch wirklich nur um dieses Thema geht und schweifen Sie nicht ab, auch, wenn es schwerfällt!

Bieten Sie Hilfe an!

Zeigen Sie Ihrem Gesprächspartner, sofern möglich, dass Sie für ihn da sind oder welche anderen Optionen es gibt, sich Hilfe zu holen. Machen Sie ihm deutlich, dass er nicht allein ist und Sie oder andere ihm helfen können, mit der Situation zurechtzukommen! Ihr Gesprächspartner wird sich möglicherweise hilflos fühlen. Steuern Sie dagegen, indem Sie z. B. Ihre Hilfe konkret anbieten!

Letztlich gibt es wie so oft nicht den einen richtigen Weg, ein Gespräch zu führen, in dem Sie eine schlechte Nachricht übermitteln. Sie müssen sich der Situation, dem Gesprächspartner und seiner Reaktion anpassen und angemessen darauf reagieren.

Dennoch ist es wichtig, dass Sie immer bei der Wahrheit bleiben und deutlich formulieren, was Sache ist. Ausflüchte oder Relativierungen helfen niemandem! Bringen Sie es hinter sich und schieben Sie es nicht auf! Wenn Sie mit Ihren eigenen Emotionen kämpfen, lassen Sie sich auch dafür Zeit. Das wird Ihr Gesprächspartner nachempfinden können. Wenn die Nachricht ausgesprochen ist, werden Sie spüren, dass eine riesige Last von Ihren Schultern genommen wurde, und Sie können mit Ihrem Gesprächspartner ggf. gemeinsam den Schritt der Verarbeitung angehen.

3.5 DAS ERSTE GESPRÄCH MIT DEN SCHWIEGERELTERN

Nicht nur das erste Gespräch mit einer Person, an der Sie ein romantisches Interesse haben, kann durchaus eine Hürde sein. Haben Sie den ersten Smalltalk überwunden, sich einige Male getroffen und sind schließlich eine Beziehung miteinander eingegangen, liegt der Tag, an dem Sie Ihre potenziellen Schwiegereltern kennenlernen, in der Regel auch nicht mehr in allzu weiter Ferne. Tausend Fragen schwirren einen durch den Kopf: Werden Sie mich mögen? Soll ich ein kleines Geschenk mitbringen? Werden wir uns gut unterhalten können? Und so weiter und so fort. Damit zumindest das erste Gespräch reibungslos verläuft, gebe ich Ihnen einige Tipps, an denen Sie sich bei Bedarf orientieren können.

Tipp Nummer 1: Besprechen Sie sich vorher mit Ihrem Partner!

Es ist ratsam, bevor Sie auf Ihre Schwiegereltern in spe treffen, das Gespräch mit Ihrem Partner zu suchen. Besprechen Sie, welche Dinge Sie im Vorfeld wissen müssen, welche möglichen unkonventionellen Eigenheiten, Riten oder Traditionen in der Familie bestehen und zu welchen potenziellen Konflikten es kommen könnte. Vergewissern Sie sich dementsprechend auch, welche Gesprächsthemen nicht angesprochen werden sollten. Ist dieser Schritt getan, gehen Sie vorbereitet an das Treffen heran und fühlen sich etwas sicherer.

Tipp Nummer 2: Achten Sie auf die richtige Begrüßung!

Ist es dann tatsächlich so weit und Ihre Schwiegereltern öffnen Ihnen die Tür, steht bereits der erste Schritt der Begrüßung an. Reichen Sie ihnen höflich und mit einem natürlichen Lächeln die Hand, sofern sie Ihnen ihre Hände entgegenstrecken. Werden Sie stattdessen in eine herzliche Umarmung gezogen, können Sie diese natürlich erwidern. Mit einem warmen Händedruck machen Sie im Zweifelsfall jedoch nichts falsch. Verzichten Sie außerdem darauf, Ihre Schwiegereltern sofort zu duzen. Das "Du" muss Ihnen angeboten werden und indem Sie bis dahin beim höflichen "Sie" bleiben, zollen Sie Ihren Schwiegereltern Respekt und machen einen guten Eindruck.

Tipp Nummer 3: Beginnen Sie das Gespräch mit lockerem Smalltalk!

Wie das geht, wissen Sie ja mittlerweile. Lesen Sie die Tipps und Tricks bei Bedarf trotzdem noch einmal nach! Gute Smalltalk-Themen können beim ersten Treffen mit den Schwiegereltern z. B. die Wohneinrichtung oder die Anreise sein. Meiden Sie brisante politische oder sportliche Themen und negative Dinge, die Ihnen auffallen. Keine Sorge, meistens sind die Schwiegereltern selbst so neugierig, dass Sie viele Fragen stellen werden und sich das Gespräch somit von ganz allein ergibt! Beantworten Sie diese wahrheitsgemäß, aber sagen Sie auch höflich, wenn Sie über ein bestimmtes beispielsweise intimes Thema nicht sprechen wollen (z. B. den Ex-Partner). Umgekehrt sollten auch Sie nicht zu neugierige Fragen stellen. Hören Sie aufmerksam und interessiert zu, sagen Sie aber auch nicht zu wenig und antworten Sie nicht zu knapp! Stellen Sie sich nicht in den Mittelpunkt, in dem befinden Sie sich schließlich sowieso in solch einem Gespräch. Seien Sie stattdessen lieber etwas bescheidener als nötig, auch dann, wenn Sie finanziell besonders gut dastehen oder anderweitig etwas erreicht haben. Das werden Ihre Schwiegereltern früh genug herausfinden und es selbst anzusprechen, hinterlässt oftmals einen überheblichen Eindruck, was sich negativ auf die Stimmung auswirken kann.

Tipp Nummer 4: Sie müssen sich nicht von Ihrem Partner distanzieren!

Natürlich wäre es übertrieben und es würde keinen guten Eindruck hinterlassen, vor den Schwiegereltern intensive Zungenküsse mit dem Partner auszutauschen oder körperlich intim zu werden, aber Sie müssen sich auch nicht voneinander distanzieren. Händchenhalten, verliebte Blicke und andere kleine Gesten sind gern gesehen und angemessen. Alles Weitere können Sie angehen, wenn Sie allein sind!

Tipp Nummer 5: Achten Sie auf Ihre Kleidung und ein kleines Gastgeschenk!

Kleider machen Leute und das nicht nur im Bewerbungsgespräch. Achten Sie darauf, sauber und ordentlich gekleidet zu sein, und nehmen Sie beispielsweise von einem zu großen Ausschnitt Abstand. Sie müssen nicht im Anzug oder Abendkleid erscheinen, aber lassen Sie auch die Finger von Jogginghose und Schlabberlook. Nicht zu lockere, zu Ihnen passende Kleidung, in der Sie sich wohlfühlen, ist in jedem Fall angemessen. Achten Sie außerdem auf eine gepflegte Erscheinung, indem Sie nicht mit ungewaschenen Haaren oder mit Körpergeruch ins Treffen gehen. Piercings und Tattoos müssen Sie nicht abdecken, schließlich gehören diese zu Ihnen und müssen nicht versteckt werden. Versuchen Sie, hinsichtlich Ihrer Kleidung authentisch zu sein. Schließlich wollen Sie nicht gleich beim ersten Treffen eine Maske aufsetzen, die Sie dann jedes Mal hervorkramen müssen, wenn Sie Ihre Schwiegereltern sehen. Was das Gastgeschenk angeht, beraten Sie sich am besten vorher mit Ihrem Partner. Welche Blumen mag die Schwiegermutter besonders gern? Gibt es eine bestimmte Sorte Schnaps oder Pralinen, den/die der Vater am liebsten trinkt/isst? Verzichten Sie auf zu große oder teure Geschenke! Es geht um die Geste und nicht darum, zu prahlen und zu demonstrieren, was Sie sich alles leisten können. Über kleine Aufmerksamkeiten werden Ihre Schwiegereltern sich freuen, mehr braucht es aber nicht zu sein!

Denken Sie daran – Ihre Schwiegereltern kennen Ihre Situation und höchstwahrscheinlich werden das Treffen und das Gespräch gut verlaufen. Machen Sie sich daher im Vorfeld nicht zu viele Gedanken. Das könnte Sie hemmen und unnötig nervös machen. Vergessen Sie nicht, dass Sie nicht allein sind, da Sie Ihren Partner an Ihrer Seite haben, der Ihnen im Notfall zur Seite stehen kann und genau wie Sie am Gespräch beteiligt sein wird. Malen Sie sich keine Horrorszenarios aus und betrachten Sie das Gespräch nicht als knallhartes Interview, in dem Sie bloß keine Fehler machen dürfen. Sie sind ein Mensch und dürfen auch einmal patzen. Solange Sie freundlich, höflich und authentisch bleiben, ist kein Fehler groß genug, als dass das Gespräch zu einem Fiasko werden könnte.

3.6 DAS ERSTE GESPRÄCH MIT DEN KINDERN DES NEUEN PARTNERS

Es kann natürlich auch sein, dass Sie, wenn Sie eine neue Beziehung eingehen, nicht nur Schwiegereltern, Geschwister und andere entferntere Verwandte Ihres neuen Partners kennenlernen, sondern auch Kinder aus früheren Beziehungen. Entscheiden Sie sich für die Beziehung, entscheiden Sie sich zwangsläufig auch für die Kinder des Partners. Sie sollen Ihnen nicht zwangsläufig eine neue Mutter oder ein neuer Vater sein, aber ein gutes, freundschaftliches, vertrautes Verhältnis erleichtert Ihnen das Zusammensein und auch die Beziehung. Worauf Sie beim ersten Treffen achten sollten, gehen wir nun gemeinsam durch.

Hinweis Nummer 1: Haben Sie Geduld!

Je nach Alter, aber auch abhängig vom Charakter ist es gut möglich, dass das Kind Ihres Partners mit der neuen Lebenssituation schlecht zurechtkommt. Es kann traurig, introvertiert, bockig, aggressiv oder verschlossen werden und das auch ungefiltert zeigen, da es sich nicht anders zu helfen weiß. Dessen sollten Sie sich bewusst sein. Haben Sie Geduld, bleiben Sie ruhig und lassen Sie sich auf keinen Fall provozieren! Denken Sie lieber daran, dass das Kind sich erst einmal an Sie gewöhnen muss und die nächsten Treffen und Gespräche schon ganz anders aussehen können. Sie beide werden Zeit brauchen, eine Beziehung zueinander aufzubauen, also seien Sie geduldig mit dem Kind und mit sich selbst!

Hinweis Nummer 2: Zeigen Sie Interesse und suchen Sie nach Gemeinsamkeiten!

Hören Sie der Tochter oder dem Sohn des Partners zu, wenn er mit Ihnen sprechen möchte, antworten Sie nicht zu lang und belehrend auf Fragen und zeigen Sie ehrliches Interesse. Möglicherweise finden Sie im Gespräch Gemeinsamkeiten, wie eine Vorliebe für Pferde oder eine bestimmte Fußballmannschaft, wodurch Sie eine positive Stimmung begünstigen können. Sagen Sie nichts Negatives über Ihren Partner oder den anderen Elternteil des Kindes und lassen Sie sich auch nicht zu solchen verleiten, wenn das Kind Sie dazu zu provozieren versucht.

Hinweis Nummer 3: Versuchen Sie nicht, das Kind zu erziehen!

Das ist, vor allem im ersten Gespräch, nicht Ihre Aufgabe und könnte dem Kind den Eindruck vermitteln, Sie wollen sich in eine Mutter- oder Vaterrolle drängen. Da es sich dabei meist um die größte Angst der Kinder handelt, sollten Sie das unbedingt vermeiden. Umso älter das Kind wird, desto mehr wird es sich gegen solche Versuche wehren und es wird für Sie schwerer, Vertrauen oder die Freundschaft des Kindes zu gewinnen. Besprechen Sie Probleme oder Sorgen bezüglich des Kindes nur mit Ihrem Partner, wenn das Kind nicht anwesend ist, und nicht mit dem Kind selbst oder in dessen Beisein.

Hinweis Nummer 4: Suchen Sie sich für das erste Treffen einen schönen Ort aus!

Gehen Sie gemeinsam in den Zoo oder ein Eis essen. Damit schaffen Sie eine gute Atmosphäre und stimmen das Kind womöglich positiv. Bei kleineren Kindern bietet es sich auch an, sich zu ihnen zu setzen, wenn Sie beispielsweise gerade im Wohnzimmer oder im Kinderzimmer sitzen und spielen. Fragen Sie, ob Sie mitspielen dürfen, stellen Sie sich mit Ihrem Vornamen vor und vermitteln Sie so dem Kind, dass Sie ein potenzieller neuer Freund für es sein könnten.

Hinweis Nummer 5: Versuchen Sie nicht, cool zu sein!

Genauso wenig, wie Sie krampfhaft die Rolle des neuen Elternteils einnehmen sollten, sollten Sie versuchen, sich mit dem Kind auf eine Stufe zu stellen. Bei Kindern im Teenager-Alter tendiert man häufig dazu, Sie zu spiegeln, besonders hippe Jugendsprache zu verwenden oder auf eine andere Art und Weise den Eindruck vermitteln zu wollen, nicht die neue Partnerin des Vaters, sondern die coole beste Freundin des Kindes zu sein. Das wird das Kind Ihnen nicht abkaufen und es wird vermutlich eher genervt darauf reagieren. Verstellen Sie sich also nicht, weder in die krampfhaft autoritäre noch in die übertrieben coole Richtung. Seien Sie sie selbst! Das ist sowieso in jedem Gespräch das Beste, was Sie tun können.

3.7 DAS AUFKLÄRUNGSGESPRÄCH

Dies ist sowohl mit den eigenen als auch mit den Kindern des Partners oft ein großes Hindernis: das Aufklärungsgespräch. Viele Kinder lernen bereits im schulischen Rahmen etwas über Sexualkunde, doch sollte dem nicht so sein, ist es wichtig, die Kinder über die ersten sexuellen Kontakte aufzuklären. Sollte Ihr Kind Ihnen genervt entgegenschleudern, dass es das doch alles schon wüsste und bereits im Unterricht gelernt habe, wie Babys gezeugt werden, können Sie das Gespräch immer noch ruhen lassen.

Ansonsten folgen nun einige Tipps, wie Sie das Aufklärungsgespräch angehen können.

Tipp Nummer 1: Suchen Sie nicht nach dem einen richtigen Zeitpunkt!

Oft ist man sich als Elternteil unsicher, wann der richtige Augenblick ist, um das Kind auf die Sache mit den Blumen und den Bienen anzusprechen. Zunächst einmal sollte Sexualität etwas sein, das Sie von klein auf in die Erziehung einbringen. Machen Sie kein einmaliges Ding daraus, sondern reagieren Sie schon früh auf eventuelle Fragen oder erklären Sie Dinge bei Bedarf ungezwungen und altersgerecht, anstatt zu sagen, "Dafür bist du noch zu klein", oder, "Das erkläre ich dir später". Schließlich kann es bereits bei kleinen Kindern, die ein Geschwisterchen bekommen, so weit sein, dass sie wissen wollen, wo der kleine Bruder oder die kleine Schwester denn plötzlich herkommt.

Allgemein gilt, dass Kinder, sobald Sie in die Schule kommen, wissen sollten, wo die Babys herkommen. Bevor die Pubertät beginnt, sollte über sie gesprochen werden, um das Kind darauf vorzubereiten. Je nach Geschlecht und Reife können manche Kinder schon mit dem zehnten Lebensjahr mit ersten körperlichen oder hormonellen Veränderungen zu kämpfen haben, weswegen Sie frühzeitig darüber sprechen sollten, damit Ihr Kind mit der Situation nicht überfordert ist. Bei Teenagern sollten Sie solche Themen vorsichtig, aber ehrlich und wahrheitsgemäß behandeln, da Sie sich oft schnell in ihrer Intimsphäre angegriffen fühlen. Seien Sie behutsam und akzeptieren Sie, wenn Ihr Kind gerade keine Lust hat, über Kondome und Menstruation zu sprechen.

Tipp Nummer 2: Gehen Sie offen mit dem Thema um!

Antworten Sie wahrheitsgemäß auf Fragen, stellen Sie nichts als abnormal oder widerlich dar, was Ihr Kind durchlebt oder erfragt, und machen Sie Ihrem Kind die Wichtigkeit von Verhütung deutlich. Kinder machen Ihre ersten sexuellen Erfahrungen immer früher, weswegen es sehr wichtig ist, frühzeitig über die Pille, das Kondom und die Anwendungsweise zu sprechen. Bei Mädchen ist es oft hilfreich, Sie mit zur eigenen Frauenärztin zu nehmen, damit auch dort unbefangen Fragen gestellt werden und bestimmte Wirkungsweisen von Medikamenten tiefergehend erklärt werden können, ohne dass die Tochter möglicherweise Angst vor der ersten Untersuchung haben muss. Auch darüber sollten Sie sprechen!

Machen Sie Ihrer Tochter bewusst, dass gynäkologische Untersuchungen nichts Schlimmes sind, jede Frau regelmäßig untersucht werden muss und dass es viel riskanter wäre, diese Untersuchungen schleifen zu lassen. Versuchen Sie, ihr die Scham zu nehmen, indem Sie darauf hinweisen, dass die Gynäkologin oder der Gynäkologe täglich unzählige Geschlechtsteile zu sehen bekommt und sie sich daher nicht schämen muss. Auch bei Jungs ist es ratsam, Sie mit zum Männerarzt zu nehmen oder Sie zumindest darüber zu informieren, was dort gemacht wird und warum es wichtig ist, sich regelmäßig urologisch untersuchen zu lassen. Begegnen Sie Ihren Kindern immer mit Respekt, was Fragen oder Überlegungen angeht. Auch wenn es um den Wunsch nach dem "ersten Mal" geht, sollten Sie Ihr Kind nicht durch negative Bemerkungen oder Angstmacherei zur Heimlichtuerei zwingen, es stattdessen in seinen Werten und Einstellungen bestärken und dafür sorgen, dass es sicher mit der Situation und mit Verhütungsfragen umgehen kann.

Damit verhindern Sie eher ungewollte Schwangerschaften, als wenn Sie Gespräche über oder Sex an sich gänzlich verbieten oder ihnen aus dem Weg gehen. Denken Sie daran, dass Sie der erwachsene Part in diesem Gespräch sind und Ihr Kind sich Zuspruch, Unterstützung und eine gewisse Offenheit (was bedeutet, dass Sie nicht im Detail vom Sexualleben mit dem Papa sprechen müssen) von Ihnen wünscht. Machen Sie sich nicht über bestimmte Äußerungen lustig und verweigern Sie keine Gespräche, da Ihr Kind sich sonst zwangsläufig allein gelassen fühlen wird.

Tipp Nummer 3: Bereiten Sie sich vor!

Wenn es Ihnen schwerfällt, über Sexualität zu reden, können Sie sich bei Beratungsstellen oder über Broschüren, Zeitschriften und Ratgeber Hilfe holen. Es gibt auch einige empfehlenswerte Bücher, beispielsweise für Kleinkinder, die Sie sich mit Ihrem Kind gemeinsam ansehen können. Aufklärungsfilme sind hingegen nicht empfehlenswert, da Sie oft zu schnell sind und bei Ihrem Kind dadurch noch mehr Fragen oder Unsicherheiten aufwerfen können. Anstatt bestimmten Fragen auszuweichen, weil Sie darüber nicht Bescheid wissen oder es Ihnen unangenehm ist, darüber zu sprechen, sollten Sie das mit Ihrem Kind offen kommunizieren. Suchen Sie gemeinsam nach einer Antwort auf die Frage, indem Sie z. B. das Internet zurate ziehen, und reden Sie nicht um den heißen Brei herum! Ihr Kind sucht nach klaren, richtigen Antworten, also sollten Sie das Kind beim Namen nennen. Ansonsten motivieren Sie Ihr Kind dazu, ähnlich gehemmt mit dem Thema umzugehen. Damit verhindern Sie schließlich, dass es aufgeklärt und selbstbewusst mit seiner eigenen Sexualität umgehen kann. Sie müssen nicht alles wissen! Es ist in Ordnung, unsicher bzgl. bestimmter Fragen zu sein, aber Sie sollten Ihrem Kind niemals signalisieren, dass es peinlich ist, über Sex oder dergleichen zu sprechen, denn das wird es mit großer Wahrscheinlichkeit übernehmen. Erziehen Sie es lieber zur Neugier und zu einem gesunden, bewussten Verhältnis zu sich selbst und dem eigenen Körper! Damit machen Sie alles richtig.

Tipp Nummer 4: Haben Sie die wichtigsten Fragen und Antworten im Hinterkopf!

Es gibt bestimmte Themen, die gerade bei Teenagern, die langsam ihre eigene Sexualität kennenlernen und in dieser Hinsicht aktiv werden, angesprochen und über die sie informiert werden müssen.

- **Welche Verhütungsmöglichkeiten gibt es und wie benutze ich sie? Warum ist Verhütung nicht nur bezüglich einer möglichen Schwangerschaft wichtig?**
- **Was kann man tun, wenn z. B. das Kondom reißt oder etwas anderes bei der Verhütung schiefläuft?**
- **Woran merke ich, dass der andere mit der sexuellen Handlung einverstanden oder nicht einverstanden ist?**

Seien Sie auf diese Fragen unbedingt vorbereitet oder sprechen Sie die Themen selbst an! Wenn Sie selbst nicht vollständig im Bilde sind, können Sie sich im Vorfeld über verschiedene Hilfsmittel informieren oder eine Gynäkologin zurate ziehen.

Das größte Problem, das sich bei einem Aufklärungsgespräch mit den Kindern ergeben kann, ist die eigene Unsicherheit. Es fällt uns schwer, Wörter, die unsere Genitalien bezeichnen, auszusprechen, oder beispielsweise an einer Banane zu zeigen, wie man ein Kondom überrollt. Aber warum? Sexualität ist das Natürlichste der Welt und da wir, wenn wir selbst Kinder haben, in jedem Fall mit diesem Thema bereits in Berührung gekommen sind, ist es auch nichts Fremdes für uns. Machen Sie sich das bewusst und vermitteln Sie es Ihrem Kind! Ermutigen Sie es dazu, Fragen zu stellen! Versichern Sie ihm, dass das, was es erlebt, völlig normal und nicht eklig ist. Und machen Sie ihm deutlich, welche Verantwortung mit Sexualität einhergeht! Wenn Sie das nicht tun und auch in der Schule keine Sexualaufklärung vorgenommen wird, wird Ihr Kind nie wissen, wie es mit dem eigenen Körper, mit Veränderungen und mit Gefühlen umgehen kann. Daher ist dieses Gespräch von immenser Bedeutung und Sie tragen, sobald Ihr Kind auf der Welt ist, die Verantwortung, dem gerecht zu werden und Ihr Kind bei der Erkundung der eigenen Sexualität zu unterstützen.

3.8 DAS PRÜFUNGSGESPRÄCH

In eine völlig andere, aber ebenfalls wichtige Richtung geht das Prüfungsgespräch. Sowohl in der Schule als auch an der Universität gibt es immer wieder mündliche Prüfungen, die benotet werden und daher einen großen Einfluss auf unsere Zukunft haben. Durch die direkte Prüfungssituation, in der man, anders als in schriftlichen Prüfungen, meist nicht die Möglichkeit hat, länger über eine Frage nachzudenken, und durch den Fakt, dass die Prüfer direkt vor einem sitzen, entsteht bei vielen eine immense Prüfungsangst, die sogar bis zu körperlichen Beschwerden und zu Prüfungsunfähigkeit führen kann. Dabei ist es ganz gleich, wie gut man sich vorbereitet hat – die Angst besteht trotzdem. Im Folgenden werde ich Ihnen Hinweise vermitteln, wie Sie auf die Gestaltung eines Prüfungsgesprächs Einfluss nehmen können, denn auch das ist in den meisten Fällen möglich, und wie Sie mit Ihrer Nervosität umgehen und Ihr Wissen dementsprechend souverän präsentieren können sowie zukünftig etwas weniger Magenschmerzen vor einer anstehenden mündlichen Prüfung haben.

1. Tipp: Informieren Sie sich über Ihren Prüfer!

Wer seinen Prüfer kennt, weiß, was er ungefähr in der Prüfung zu erwarten hat. Daher ist es bereits hilfreich, die Veranstaltung, in der er unterrichtet, erst einmal zu besuchen, um ihn besser kennenzulernen. Wenn Sie die Wahl zwischen mehreren Prüfern haben, ist es vorteilhaft, sich für denjenigen zu entscheiden, bei dem man schon einmal geprüft wurde, da man dann weiß, welche Art von Fragen gestellt werden könnten. Lief die letzte Prüfung bei ihm allerdings nicht so gut, sollte man sich überlegen, ob man nicht lieber einen anderen Prüfer auswählt, falls diese Option besteht. Haben Sie allerdings noch nie eine mündliche Prüfung bei diesem Prüfer abgelegt, können Sie sich bei Kommilitonen oder Mitschülern informieren, die diese Ehre bereits hatten. Holen Sie sich von ihnen Tipps, denn schließlich wissen sie, wie der Prüfer drauf ist und ob es bestimmte

Dinge gibt, auf die er besonders viel Wert legt. Oft hilft das schon, um sich selbst etwas zu beruhigen, da man weiß, worauf man sich gefasst machen muss und sich noch gezielter beim Lernen vorbereiten kann.

2. Tipp: Üben Sie die Prüfung!

Ähnlich wie beim Bewerbungsgespräch ist es auch bei Prüfungsgesprächen überaus ratsam, die Prüfungssituation vorher beispielsweise mit einem Freund oder mit der Familie durchzugehen. Notieren Sie sich mögliche Fragen zum vermittelten Stoff, z. B. auf Karteikarten. Diese können Sie nutzen, um sich selbst in der Bahn, beim Zähneputzen oder beim Kochen abzufragen oder um Sie z. B. der Mitbewohnerin in die Hand zu drücken, die Sie dann auf Herz und Nieren prüft. Idealerweise kennen Sie einige Kommilitonen, die ebenfalls geprüft werden, und Sie können auf diese Weise gemeinsam lernen und sich gegenseitig abfragen.

Fangen Sie stets mit einer einfachen, allgemeinen Frage an, da es in der Prüfung meist genauso abläuft und Ihr Wissen danach vertiefend geprüft wird. Wenn Sie wissen, dass von Ihnen zu Beginn der Prüfung die Vorstellung einer oder mehrerer Thesen zu einem ausgewählten Schwerpunkt erwartet wird, können Sie auch diese wie einen kleinen Vortrag vorher üben, einstudieren und beispielsweise vor einem Zuhörer oder vor dem Spiegel üben.

3. Tipp: Präsentieren Sie sich selbst vorteilhaft!

Um mit einem guten, vorbereiteten Gefühl in die Prüfung zu starten, hilft es oft, auch Dinge, die nicht einmal das erlernte Wissen betreffen, zu beachten. Selbstverständlich geht es darum, eben dieses zu präsentieren, aber eine mündliche Prüfung ist immer auch eine Art der Selbstpräsentation, in der bereits der erste Eindruck zählt. Wer sich keine Mühe gibt, in Jogginghose und fünf Minuten zu spät erscheint, muss schon einiges drauf haben, um das Ruder wieder rumzureißen. Sich selbstbewusst zu verkaufen, ist oft nicht leicht, vor allem dann nicht, wenn man nervös ist. Doch es gibt einige Kniffe, die Ihr Auftreten stärken und einen guten Eindruck vermitteln werden:

- **Gehen Sie mit sauberer, ordentlicher Kleidung, gewaschenen Haaren und geduscht in die Prüfung! Eine hübsche Bluse oder ein gebügeltes Hemd zeigen Ihrem Prüfer, dass Ihnen die Prüfung wichtig ist.**
- **Sorgen Sie dafür, dass Sie ausgeschlafen sind! Obwohl es vorkommen kann, dass man am Vortag vor Aufregung nicht einschlafen kann, sollten Sie zumindest versuchen, genug Schlaf zu bekommen, um mit Energie in die Prüfung starten zu können.**
- **Achten Sie auf Ihre Körpersprache! Eine offene, freundliche Körperhaltung verschafft Ihnen mehr Selbstsicherheit und vermittelt einen weitaus positiveren Eindruck, als mit krummen Rücken und gesenktem Kopf vor Ihrem Prüfer zu hocken.**

4. Tipp: Bieten Sie Wissen an!

Ein gutes Prüfungsgespräch zeichnet sich dadurch aus, dass nicht nur der Prüfer bestimmt, wo es lang geht, sondern auch Sie eine bestimmte Richtung anbieten können. Wenn Sie eine Frage beantworten und Ihnen etwas einfällt, was über die Frage hinaus interessant oder wissenswert ist, können Sie das ruhig sagen. Damit lenken Sie das Gespräch in eine für Sie angenehme Richtung und verringern die Chancen, dass möglicherweise ein Thema zur Sprache kommt, auf das Sie nicht allzu gut vorbereitet sind. Sprechen Sie verwandte Beispiele oder Themen an, ohne Sie auszuführen, damit der Prüfer nachfragen kann und Sie Ihr Wissen präsentieren können (Beispiel: "In diesem Fall verhält es sich so und so. Ganz ähnlich ist es in der Theorie von dem und dem vorgesehen."). Das wird Ihren Prüfer beeindrucken und Sie beweisen, dass Sie etwas auf dem Kasten haben.

5. Tipp: Stellen Sie Rückfragen!

Wenn Sie eine Frage oder einen Zusammenhang, den der Prüfer herzustellen versucht, nicht verstehen, können Sie darum bitten, die Frage erneut zu hören. Der Prüfer wird diese im besten Fall noch einmal anders formulieren, damit Sie sie besser verstehen. Außerdem gewinnen Sie so mehr Zeit zum Nachdenken. Um diese können Sie auch offen bitten, wenn Ihnen die Antwort auf eine Frage nicht sofort einfällt. Ihr Prüfer wird das verstehen oder die Frage erst einmal beiseiteschieben. Wenn Sie sicher sind, dass Sie die Frage nicht beantworten können, auch wenn Sie länger darüber nachdenken, weil Sie sich schlichtweg nicht darauf vorbereitet haben, ist es ratsam, dies offen und ruhig zu äußern und darum zu bitten, die nächste Frage gestellt zu bekommen. Anstatt planlos herumzudrucksen, gefährliches Halbwissen zu nutzen oder sich etwas auszudenken, obwohl man keine Ahnung hat, bekommt man die Möglichkeit, bei der nächsten Frage zu glänzen und verschwendet keine Zeit daran, zu zeigen, dass man etwas nicht weiß.

6. Tipp: Lernen Sie!

Man kann so selbstbewusst, gut gekleidet und wohl riechend sein, wie man will – wer keinen blassen Schimmer vom abzufragenden Stoff hat, wird in der mündlichen Prüfung gnadenlos untergehen. Beginnen Sie daher frühzeitig mit dem Lernen! Wiederholen Sie, wenn möglich, einmal die Woche den in der Veranstaltung vermittelten Inhalt über das Semester hinweg und planen Sie am besten täglich Zeit zum Lernen ein, sobald die Prüfung in greifbarer Nähe ist! Wer ein paar Wochen vor der Prüfung jeden Tag eine halbe Stunde lernt, fährt weitaus besser als jemand, der drei Tage vor der Prüfung beschließt, nun mit stundenlangem Lernen beginnen zu müssen. Vor der Prüfung selbst sollte der Stoff sitzen. Wenn es Ihnen hilft, kommen Sie etwas früher und überfliegen noch einmal Ihre Unterlagen. Wer weiß, dass er vorbereitet ist und sein Bestes während der Vorbereitung gegeben hat, geht mit mehr Selbstbewusstsein und einer großen

Wahrscheinlichkeit auf eine gute Note in die Prüfung. Sagen Sie sich vorher, dass Sie das schaffen werden, weil Sie gut gelernt haben und auf alles vorbereitet sind, entwickeln Sie bei Bedarf kleine Rituale (z. B. vor dem Schlafengehen drei Mal "Ich schaffe das" sagen) und atmen Sie tief durch, bevor Sie loslegen.

7. Tipp: Suchen Sie sich einen Schwerpunkt, der Ihnen liegt!

Sollte die Möglichkeit bestehen, ist es ungemein hilfreich, sich einen Themenschwerpunkt auszusuchen, für den man sich begeistern kann! Wer Spaß und Interesse an seinem Thema hat, strahlt dies auch aus, was bei den Prüfern meistens einiges an Pluspunkten einbringt. Außerdem fällt Ihnen die Vorbereitung dann meistens leichter, da Sie interessiert an die Recherche herangehen und selbst den Drang haben, die Thematik richtig zu verstehen – sowohl in der Vorbereitung als auch in der Prüfung selbst also eine absolute Empfehlung!

8. Tipp: Lernen Sie aus dem Gespräch!

Nach dem Prüfungsgespräch sollten Sie aktiv reflektieren, was gut gelaufen ist und woran Sie noch arbeiten müssen beim nächsten Mal. Dies gilt nicht nur dann, wenn Sie die Prüfung nicht bestanden haben, sondern auch bei einem guten Ergebnis. Machen Sie sich Ihre Schwächen bewusst, um diese ausmerzen zu können, seien Sie aber auch stolz auf das, was Sie erreichen konnten! Sie werden in Ihrem Leben immer wieder in prüfungsartige Gesprächssituationen kommen, weswegen Sie bewusst am Ausbau Ihrer Fähigkeiten und Potenziale arbeiten sollten, um immer besser, selbstbewusster und souveräner zu werden.

Ein kleiner Hinweis am Rande: ein bisschen Aufregung wird immer bleiben. Das ist aber auch gut so, da wir dadurch daran erinnert werden, dass Prüfungssituationen wichtig sind, wir Respekt vor ihnen haben sollen und den Anspruch, das Beste aus uns herauszuholen!

3.9 DAS STREITGESPRÄCH

Zu guter Letzt befassen wir uns nun mit einer Gesprächsart, in der das größte Hindernis darin besteht, seine Emotionen unter Kontrolle zu behalten, um sein Gegenüber nicht zu verletzen und keine Dinge zu sagen, die man im Nachhinein bereut. Nicht immer einer Meinung zu sein und auch einmal zu streiten, gehört bei zwischenmenschlichen Beziehungen dazu. Doch streiten will gelernt sein, denn letztlich streiten wir, weil es ein Problem gibt, das wir gerne gelöst hätten, und weil es uns schlecht damit geht, wenn wir das nicht schaffen. Wie Sie bei einem Streitgespräch sachlich und fair bleiben und danach mit einem guten Gewissen aus dem Gespräch herausgehen, verrate ich Ihnen nun.

Schieben Sie es nicht auf!

Ähnlich wie beim Vermitteln von schlechten Nachrichten sollten Sie auch einen Streit nicht aufschieben. Wenn es etwas gibt, das Sie stört, und Sie wissen, dass sich etwas an der Situation ändern muss, weil Sie sonst nicht glücklich sind, müssen Sie das Problem so bald wie möglich ansprechen. Andernfalls laufen Sie Gefahr, Ihre Wut oder Traurigkeit aufzustauen, bis es zu einem großen Knall kommt, der hätte verhindert werden können, wenn Sie früh genug etwas gesagt hätten. Oft entwickelt sich das Gespräch dann auch gar nicht zu einem Streit, da man ruhig und sachlich sagt, was einen stört, und der andere so eher darüber nachdenkt, als sich direkt angegriffen zu fühlen, dichtzumachen oder in die Offensive zu gehen.

"Ich"-Botschaften anstatt "Du"-Anklagesätze!

Bereits angesprochen und an dieser Stelle definitiv erwähnenswert ist der Tipp, vor allem "Ich"-Botschaften zu verwenden. Anstatt zu sagen, "Du bist immer so gemein zu mir!", sagen Sie lieber, "Ich empfinde das als Gemeinheit". Sprechen Sie Ihre Gefühle aus, anstatt anzuklagen, denn Ihr

Gegenüber wird sich andernfalls dazu aufgefordert fühlen, sich zu verteidigen, anstatt das Gesagte zu überdenken und an sich zu arbeiten.

Erinnern Sie sich an Ihre eigene Fehlbarkeit!

Jeder macht Fehler, auch Sie! Hören Sie Ihrem Gesprächspartner also zu und fragen Sie sich, ob er mit dem, was er sagt, vielleicht recht hat. Sollte dem so sein, zeugt es von Stärke, Fehler einzugestehen, sich zu entschuldigen und Besserung zu geloben. Damit sind viele Streitigkeiten schlagartig beigelegt.

Erst denken, dann reden!

Gesagt ist gesagt. Wer aus dem Affekt oder der Emotion heraus beleidigend wird, kann im Nachhinein noch so oft beteuern, er habe es nicht so gemeint – die Worte sind gefallen und lassen sich nicht mehr zurücknehmen. Denken Sie also nach, bevor Sie sprechen, um sich nicht von Ihren Gefühlen zu Sätzen verleiten zu lassen, die Sie im Nachhinein bereuen könnten! So etwas kann eine Beziehung jahrelang belasten. Atmen Sie also tief durch, wenn Sie merken, dass Ihre Emotionen drohen, mit Ihnen durchzugehen, und machen Sie sich bewusst, dass Anschreien, Beleidigen, Drohen und auch körperliche Gewalt in keinem Streitgespräch – und überhaupt in gar keinem Gespräch – angemessen sind!

Keine ständigen Verallgemeinerungen!

Was "immer", "dauernd", "nie" und "alle" in einem Gespräch bewirken, haben wir bereits geklärt. Nehmen Sie von solchen Verallgemeinerungen Abstand!

Streiten Sie sich nicht vor Publikum!
Bleiben Sie respektvoll!
Versuchen Sie, eine Lösung zu finden, anstatt sich die ganze Zeit nur zu beschweren!

Schließlich wollen Sie, dass sich etwas ändert. Versuchen Sie, Kompromisse zu finden und nicht nur zu streiten um des Streites Willen. Irgendwann werden Sie sich im Kreis drehen, was zu keiner vernünftigen Lösung führen wird. Geben Sie sich und Ihrem Gesprächspartner die Chance, sich zu versöhnen und positiv aus dem Gespräch herauszugehen. Streitgespräche mit offenem Ende helfen niemandem, denn dadurch findet der Streit kein Ende und Sie werden auf Dauer sehr unglücklich werden.

Denken Sie daran, wie wichtig Ihnen Ihr Gegenüber ist und dass Sie es weder verletzen noch verlieren möchten. Behalten Sie das im Hinterkopf, wenn Sie streiten, denn ein Streit ist hin und wieder prinzipiell in Ordnung. Es wird erst dann kritisch, wenn durch ein Streitgespräch einer oder beide Akteure emotional oder körperlich zu Schaden kommen, weil Sie sich nicht an die Grundregeln des Streitens halten. Und das ist es nun wirklich nicht wert!

4. Das gute Gespräch – einige Schlussworte

Durchatmen, wir haben es geschafft! Gemeinsam sind wir die wichtigsten Regeln, Tipps und Tricks zur guten Gesprächsführung durchgegangen, haben besprochen, was gar nicht geht und was unbedingt sein muss, wie Sie Fehler vermeiden oder lösen und wie Sie an Ihrer Ausstrahlung und Ihrem Selbstbewusstsein arbeiten. Anschließend sind wir die wichtigsten Gesprächsarten, ihre Inhalte und entsprechende Hinweise durchgegangen. Wenn das alles ein bisschen viel war, können Sie jederzeit entsprechende Stellen oder Gespräche nachschlagen.

Denken Sie immer daran, dass gute Gesprächsführung Übungssache ist. Manche lernen dabei etwas schneller als andere, was vollkommen normal und in Ordnung ist! Solange Sie bereit sind, an sich zu arbeiten und sich Hinweise zu Herzen nehmen, auch, wenn es nicht alle auf einmal sind, werden Sie Ihren Weg hin zum guten Gesprächspartner gehen. Verzeihen Sie sich Fehler, nehmen Sie sich Zeit, um besser zu werden, und haken Sie Rückschläge ab.

Sie können diese ohnehin nicht mehr ungeschehen machen und nur aus ihnen lernen! Mit der Zeit werden Sie merken, wie Sie selbstbewusster, wortgewandter und schlichtweg besser und besser im Gespräch werden. Werfen Sie hin und wieder einen Blick in dieses Buch, falls Sie das Gefühl haben, Ihr Wissen rund um die gute Gesprächsführung noch einmal auffrischen zu müssen. Aber vergessen Sie nicht, dass ein Gespräch oft spontan entsteht, immer aus mehreren Personen besteht, die darauf Einfluss nehmen, und daher in seiner Gänze niemals planbar ist.

Ein wenig Nervenkitzel wird also immer bleiben. Doch Sie werden von Mal zu Mal besser damit umgehen, weil Sie grundsätzliche Kniffe zu beherrschen lernen und wissen, worauf es im gelungenen Gespräch ankommt. Mit Übung und ohne Druck werden Sie zum Meister jeder Unterhaltung werden. Das verspreche ich Ihne

Wir danken Ihnen für Ihr Interesse und Ihr Vertrauen. Als Dankeschön dafür, haben wir eine besondere Überraschung. Wir haben ein **ultimatives Manipulationstraining.** Und diese erhalten Sie vollkommen kostenlos. Das klingt wunderbar? Dann warten Sie nicht lange und holen Sie sich Ihr Gratis-Geschenk.

Hier geht es zu Ihrem Gratis-Geschenk:

https://forms.gle/vy9sb8nF7A7WAz8a9

1. **Öffnen Sie die Kamera-App auf Ihrem Smartphone und richten Sie die Kamera auf den QR-Code.**
2. **Klicken Sie auf den Link, der Ihnen angezeigt wird und schon werden Sie zur Website weitergeleitet.**

Impressum

Herausgeber: Pegoa Global Media GmbH / Am Sandtorkai 27 / 20457 Hamburg
Kontakt: kontakt@pegoamedia.de
Coverbild: Shutterstock

Haftungsausschluss:
Die Nutzung dieses Buches und die Umsetzung der enthaltenen Informationen, Anleitungen und Strategien erfolgt auf eigenes Risiko. Der Autor kann für etwaige Schäden jeglicher Art aus keinem Rechtsgrund eine Haftung übernehmen. Haftungsansprüche gegen den Autor für Schäden materieller oder ideeller Art, die durch die Nutzung oder Nichtnutzung der Informationen bzw. durch die Nutzung fehlerhafter und/oder unvollständiger Informationen verursacht wurden, sind grundsätzlich ausgeschlossen. Rechts- und Schadenersatzansprüche sind daher ausgeschlossen. Dieses Werk wurde sorgfältig erarbeitet und niedergeschrieben. Der Autor übernimmt jedoch keinerlei Gewähr für die Aktualität, Vollständigkeit und Qualität der Informationen. Druckfehler und Falschinformationen können nicht vollständig ausgeschlossen werden. Es kann keine juristische Verantwortung sowie Haftung in irgendeiner Form für fehlerhafte Angaben vom Autor übernommen werden. Die bereitgestellten Analysen, Vorschläge, Ideen, Meinungen, Kommentare und Texte sind ausschließlich zur Information bestimmt und können ein individuelles Beratungsgespräch nicht ersetzen. Alle Informationen dieses Buches entsprechen dem Kenntnisstand zum Zeitpunkt des Verfassens dieses Buches. Eine Haftung für mittelbare und unmittelbare Folgen aus den Informationen dieses Buches ist somit ausgeschlossen.
Informieren Sie sich weitläufig aus unterschiedlichen Quellen und bedenken Sie, dass am Ende nur Sie für die Entscheidungen verantwortlich sind.

Haftung für externe Links:
Unser Angebot enthält Links zu externen Websites Dritter, auf deren Inhalte wir keinen Einfluss haben. Deshalb können wir für diese fremden Inhalte auch keine Gewähr übernehmen. Für die Inhalte der verlinkten Seiten ist stets der jeweilige Anbieter oder Betreiber der Seiten verantwortlich. Die verlinkten Seiten wurden zum Zeitpunkt der Verlinkung auf mögliche Rechtsverstöße überprüft. Rechtswidrige Inhalte waren zum Zeit-punkt der Verlinkung nicht erkennbar.